CW01464857

Relation d'aide
et
formation à l'entretien

Jacques Salomé

Psychosociologue

RELATION D'AIDE
ET
FORMATION A L'ENTRETIEN

Illustrations de Bédé Malnuit

Presses Universitaires de Lille

Du même auteur

AU REGARD FERTILE

• *La souffrerance* — Poésie	1980
• *Toi mon infinitude* — Poésie	1982
• *Je t'aime* — Poétique amoureuse	1985
• *Les feux de l'aimance* — Poésie	1986
• *Aux saisons de nos vies le temps n'a pas d'âge*	
— Pour un calendrier amoureux	1987
• *Aimances* — Nouvelle — Édition numérotée	1990

CHEZ D'AUTRES ÉDITEURS

• *Supervision et formation de l'éducateur spécialisé* — Ed. Privat (épuisé)	1972
• *Parle moi... j'ai des choses à te dire* — Ed. de l'Homme	
Essai sur l'incommunication et la communication dans le couple	1982
• *Je t'appelle tendresse* — Poétique relationnelle — Ed. Espace Bleu	1984
• *Relation d'aide et formation à l'entretien* — Presses Universitaires de Lille	1987
• *Apprivoiser la tendresse* — Ed. Jouvence	1988
La tendresse dans le cycle de la vie	
• *Papa, Maman écoutez-moi vraiment* — Ed. Albin Michel	1989
• *Les mémoires de l'oubli* — en collaboration avec Sylvie Galland.	
Essai sur le changement et le développement personnel à travers l'approche	
psychodramatique — Ed. Jouvence	1989
• *Je m'appelle toi*, roman — Ed. Albin Michel	1990
• *T'es toi quand tu parles* — Ed. Albin Michel. Grammaire relationnelle	1991
• *Bonjour tendresse* — Ed. Albin Michel. Poétique relationnelle	1992
• *Contes à guérir, Contes à grandir* — Ed. Albin Michel	1993
• *L'enfant Bouddha*. Illustrations de Cosey — Ed. Albin Michel	1993
• *Heureux qui communique* — Ed. Albin Michel	1993
• *Aimer et se le dire* — Ed. de l'Homme	1993

En collaboration avec Sylvie GALLAND

• *Les mémoires de l'oubli* — Ed. Jouvence. Exploration de soi par le psychodrame	1983
• *Si je m'écoutais... je m'entendrais* — Ed. de l'Homme,	
Essai sur les relations humaines	1990
• *Aimer et se le dire* — Ed. de l'Homme	1993

Cassettes audio disponibles

Chez Sonothèque-Média, 85, avenue de Toulouse, 31800 St Gaudens
• *La tendresse au quotidien* — La tendresse dans le cycle de la vie.
• *A corps et à cris* — Quand il y a le silence des mots se réveille la violence des maux.
• *Aimer et se le dire* — La sexualité entre peurs et désirs, entre doutes et plaisirs.
• *Contes à guérir, contes à grandir* — Pour entendre au-delà de l'indicible — Ed. Albin Michel
• *Etre à l'écoute des enfants* - C'est être à l'écoute de l'enfant en nous.

Vidéo-cassettes

Chez Sonothèque-Média, 85, avenue de Toulouse, 31800 St Gaudens
• *La communication intime dans le cycle de la vie*. Entretiens de J.-C. Marol avec J. Salomé d'une durée de 6 heures — disponibles sur 5 vidéo-cassettes VHS-SECAM ou PAL.

Édition 1987 - ISBN 2-85939-294-7. Réédition 1989 - ISBN 2-85939-359-5.
Réédition 1990 - ISBN 2-85939-385-4. Réédition 1991 - ISBN 2-85939-396-X
Edition revue et corrigée 1993 - ISBN 2-84939-431-1

Livre imprimé en France

A ma mère
par qui j'ai beaucoup appris
dans le donner et le recevoir.

« Accompagner la personne
jusqu'où elle peut aller et un
petit peu plus ».

W. Reich

Introduction

Cet ouvrage est issu d'une réflexion sur ma pratique de formateur et d'animateur de groupes de formation aux relations humaines. J'ai tenté de repérer quels moyens et quelles attitudes je pouvais adopter pour permettre à des praticiens de la relation d'aide d'augmenter leurs potentialités d'écoute et de communication. J'ai découvert que c'est en développant ma capacité d'écoute de moi-même et en invitant à une démarche semblable que je les aidais à accroître leurs ressources professionnelles et personnelles.

Ce travail vise à mieux comprendre, dans un cursus de formation, les possibilités et les pièges de la communication dans une situation d'entretien de face à face et interroge sur les ressources et les limites d'une relation d'aide, quand celle-ci s'inscrit dans la durée. Nous appelons relation d'accompagnement une relation qui comporte, outre la possibilité d'apporter une aide (soutien, guidance, conseil, clarification, etc...), celle d'affirmer des exigences (en fonction d'objectifs, de recherche de cohérence...) et la capacité de poser des refus.

J'ai souhaité ainsi partager avec le plus grand nombre quelques-unes des observations et réflexions découvertes avec l'aide de ceux qui ont participé à nos groupes de formation à l'entretien.

> Ecrire pour pouvoir dire tout ce que je ne savais pas encore, mais que je pressentais comme essentiel.

> Il est facile d'apprendre ce que l'on ne sait pas.
> Le difficile est d'apprendre ce que l'on sait.

I. GÉNÉRALITÉS SUR LA FORMATION À L'ENTRETIEN

1. — *Objectifs de la formation*

Les séminaires de formation à l'entretien ont de multiples objectifs :
— d'une part, *permettre de s'interroger sur les processus de l'échange à deux* et d'appréhender les pièges, les distorsions, les malentendus qui peuvent sous-tendre toute tentative d'entrer en communication.

— d'autre part, à travers l'approfondissement du fait de communiquer, de *repérer la dynamique relationnelle et les systèmes* (jeux et enjeux) qui sous-tendent nos relations à l'autre.

— et par ailleurs de *proposer une sensibilisation à la « conduite d'entretien »* dans l'orientation de la psychologie humaniste, fondée sur une relation d'écoute et de croissance mutuelle.

Les objectifs du séminaire de formation que nous animons sont présentés aux participants au moment de leur inscription, par la courte note suivante :

« Le stage de sensibilisation à la conduite de l'entretien a pour but de permettre à toute personne s'interrogeant sur sa relation à autrui, d'approfondir sa manière d'être et de saisir l'essentiel de son inter-action en situation d'entretien de face à face. La démarche proposée est de vivre des situations d'entretiens (relation duelle) avec le groupe des participants comme « tiers » susceptible de refléter ses perceptions et ses interrogations.

A partir de situations concrètes apportées par les participants, la réflexion se fera sur les processus de la communication à deux, sur la situation de face à face, sur les relations d'assistance et d'aide pédagogique, professionnelle ou personnelle. Nous insistons plus particulièrement sur la relation d'accompagnement qui caractérise à notre avis de nombreuses relations (familiales, soutien personnel ou aide professionnelle [1].)

Les supports et les matériaux de base peuvent être pris dans des situations réelles ou dans des situations imaginaires. Pour ce dernier cas, l'exploration en sera faite par le « jeu de rôles ». Il est possible également d'exploiter le vécu des participants à l'intérieur du groupe — dans l'ici et maintenant des situations — (rencontre, accueil, affrontement, exploration des tensions, interrogations diverses). Entraînement à certains types d'entretiens et en particulier à l'entretien d'accompagnement de caractère psycho-pédagogique.

Des informations et des apports techniques et théoriques compléteront ce stage. Utilisation possible du magnétoscope pour certaines séances ».

L'horaire des séances proposées est susceptible d'être modifié suivant les opportunités du groupe, en respectant un minimum de quatorze séances de une heure trente chacune, pour chaque session.

Nous allons particulièrement insister, tout au long de cette réflexion, sur l'aspect « sensibilisation à la conduite d'entretien ». Un cycle complet de formation qui comporte trois stages de trois/quatre jours chacun, permet de développer une approche d'entretiens plus spécifiques (embauche, sélection, conseil...) ainsi qu'une démarche s'inspirant de la

---

1. Ce qui nous paraît caractériser la relation d'accompagnement c'est la mise en œuvre de trois objectifs indissociables et permanents : aider - exiger - refuser.

sémantique générale et des processus de communication non-verbale.

Nous travaillons ainsi avec des professionnels de tous horizons, avec une dominante « travailleurs sociaux », pédagogues, professions para-médicales, dont la formation et la pratique sont en général plus centrées sur l'animation et la conduite d'activités de groupe que sur les relations individualisées, et qui voient là un moyen d'approfondir les relations interpersonnelles.

Mais depuis quelques années nous voyons apparaître de plus en plus fréquemment dans nos stages des participants motivés par un désir existentiel d'améliorer leurs relations quotidiennes, personnelles et familiales.

Se former à l'entretien c'est avant tout se former à l'écoute active, c'est-à-dire avoir une écoute qui « permette à l'autre de se dire et de s'entendre »[1]. Ce sera aussi tenter de répondre à la question. « Qui suis-je en entretien ? »

Une grande partie du projet de sensibilisation et de formation à l'entretien portera sur la nécessité de pouvoir réfléchir à sa propre manière de réagir envers autrui en situation de face à face. Faire que chacun puisse progressivement accepter de découvrir par lui-même la vérité et la fausseté, le bien-fondé ou l'erreur de telle ou telle manière de se présenter, de stimuler, de parler, d'intervenir, de questionner ou de répondre au cours d'entretiens qu'il vivra durant la stage et par la suite, dans ses différentes activités professionnelles, sociales ou personnelles.

Si nous insistons tant sur cet objectif de formation personnelle, c'est parce que nous avons la conviction profonde qu'il est vain d'apprendre des techniques sans le préalable d'une interrogation et d'une reconnaissance de son potentiel relationnel. Comme définition de l'entretien, nous avons retenu et complété la formulation de D. Lagache :

---

1. Nous le verrons tout au long de cet ouvrage, une des fonctions de l'entretien d'aide sera de permettre à celui qui parle d'entendre ce qu'il dit. En effet celui qui s'exprime n'entend pas tous les messages contenus dans son discours, qu'il envoie à l'autre et à lui-même.

« L'entretien est une situation provisoire d'interactions et d'inter-influences essentiellement verbale, entre deux personnes [1] en contact direct avec un objectif préalablement posé ».

Cette définition a pour intérêt de situer les différentes dimensions et approches autour desquelles va se structurer le stage de sensibilisation à la conduite d'entretien.

Reprenons chacun des termes de cette définition :

* Situation provisoire.

Cela veut dire qu'il y a un avant, un pendant et un après. Si nous nous préoccupons, pour les besoins de la formation, du « pendant », nous savons bien que ce qui a précédé et ce qui suivra l'entretien reste important et devra être pris en compte soit par un suivi, soit par « une mise en relation ». Le mot « relation » veut dire « relier » et l'un des enjeux de l'entretien sera de « relier », rapprocher, amplifier des faits, des comportements, des événements apparemment disjoints ou étrangers.

* Interaction.

Découverte ou confirmation que, ce qui se passe chez l'un des protagonistes va agir sur l'autre et réciproquement. Quelle est l'influence que nous exerçons ? Quelle activité ou passivité mettons-nous en jeu ? Quelle directivité ou non-directivité influe sur le comportement de notre partenaire ? Quelles attitudes, quelles façons d'être vont entraîner chez l'autre des attitudes, des façons d'être, des réponses... ?

* Essentiellement verbale.

Ne signifie pas exclusivement verbale, même si c'est la dominante de nos modes d'échanges. Quels autres moyens d'expression sont mis en jeu à travers notre posture, nos gestes, nos mimiques et tout le « remue-ménage » intérieur provoqué par la « proximité » et la relation à l'autre.

---

1. Il est à remarquer que la situation de « stage » va s'établir dans une dimension triangulaire. Les deux protagonistes « en entretien » et le « groupe des participants » comme tiers-témoin.

Quels autres moyens que la parole ai-je à ma disposition pour m'exprimer et pour communiquer ? Au-delà des langages du corps il y a celui des émotions, des intentions, des peurs et des désirs.

Nous nous interrogeons aussi sur ce qui agit et « parle » en deçà et au-delà des mots. La dimension non-verbale dans la communication sera entrevue et pourra être développée ultérieurement [1].

* Entre deux personnes en contact direct.

Pour les besoins de la formation nous incitons à la rencontre à deux, nous limitons ainsi l'entretien de face à face à deux personnes, ce qui le distinguera de la situation groupale (qui pour nous, commence au-delà de la paire, avec l'introduction d'un tiers). En contact direct, c'est-à-dire à l'intérieur d'une relation de proximité visuelle, avec la capacité de se toucher, de s'atteindre directement. Deux personnes dont le face à face aura mille visages à travers la distance (proximité physique), les accessoires (bureau, chaise, papier, dossier, support), les postures (accueil, retrait), la vêture... les images ou les à priori.

* Avec un objectif préalablement posé

Pourquoi ces deux personnes sont-elles en présence ? Quels sont leurs intentions, leurs craintes, leurs désirs ? Qu'attendent-elles l'une de l'autre ? Quelles forces, quelles circonstances, quels enjeux sont présents au moment de la rencontre ?

Chacune a-t-elle pu clarifier ses ressources, ses attentes ou sa demande afin de les poser comme support à l'échange ? Deux

---

1. Au cours d'un troisième stage, plus axé sur des exercices de communication non-verbale, inspirés des travaux de l'école américaine de psychologie existentielle (W. Schutz, Perls, Lowen, Orr). Nous avons été sensibilisés, aussi, à tout le courant bio-énergétique et à celui du Rebirthing. Sur la « gestion » des états régressifs, et au travail en Gelstalt pour la prise en compte de l'imaginaire et du symbolique.

personnes qui veulent communiquer, mettre en commun leurs interrogations ou leurs certitudes. Deux personnes qui ne sont pas là par hasard, qui existent chacune dans un environnement donné, qui ont des attentes, des moyens et des préoccupations différentes.

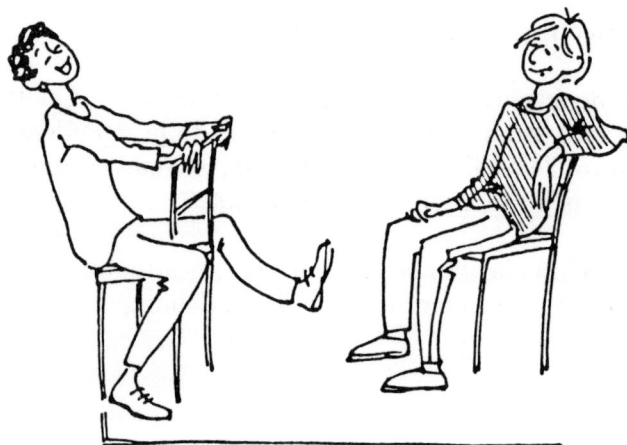

Plus je le fais rire, plus je l'éloigne de mes véritables préoccupations.

☆

Nous avons constaté au cours de différents stages de formation à la conduite d'entretien, que très souvent les participants, même s'ils s'en défendaient, venaient chercher des « trucs », des « techniques » (outils), des façons de faire (recettes). Nous avions le sentiment qu'ils voulaient faire l'économie d'une interrogation sur eux-mêmes pour partir avec la clef (ou plus de pouvoir) leur permettant de maîtriser la relation à deux, d'ouvrir n'importe quelle porte, n'importe quelle intelligence, parfois même n'importe quel inconscient. Qu'ils venaient chercher parfois confirmation de leur propre savoir en relations humaines et de leur perspicacité à « dévoiler autrui » ; ou encore qu'ils venaient chercher la « technique » leur permettant de contrôler, de maîtriser la « situation en entretien », c'est-à-dire dans une certaine mesure, l'autre [1].

Il est bien certain qu'il n'y a aucune recette, aucun concept magique qui puisse réellement autoriser quelqu'un à mieux comprendre autrui. Il s'agira bien d'une démarche d'engagement personnel dans laquelle il conviendra de passer d'un savoir et d'un savoir-faire à un savoir-être et surtout un savoir-devenir. Ce sera parfois très émouvant de sentir dans les premiers jours d'une session tout le désarroi d'adultes installés et confirmés qui découvrent avec stupeur leur « infirmité relationnelle », leurs blocages dans le dire ou leur surdité dans l'écoute, mais de découvrir aussi des intuitions admirables, des possibles insoupçonnées dans la relation à l'autre.

Cette démystification des attentes ne se fera pas sans résistances, sans blocages, et constituera un des éléments-clefs de la dynamique du groupe de formation à l'entretien. La formation ressemble souvent à du jardinage dans le sens où il faut élaguer, débroussailler, labourer en profondeur dans des croyances, dans des habitudes, dans des comportements installés.

L'importance d'un savoir-faire ne doit pas être niée, mais nous ne pouvons oublier que ce savoir-faire est utilisé par quelqu'un. Qui est ce quelqu'un ? Qui est ce participant

---

1. Combien de sessions de formation aux « Relations Humaines », en particulier dans le secteur commercial et industriel ne proposent-elles pas un savoir/pouvoir de type manipulatoire. Beaucoup de chefs d'entreprise ne s'en cachent d'ailleurs pas. « Comment pourrais-je mieux vous exploiter » me disait l'un d'eux dans une rencontre professionnelle.

qui souhaite se « former aux techniques » de l'entretien ? [1]

La démarche proposée au cours des différents stages va déboucher sur une reconnaissance de soi à travers la reconnaissance de l'autre.

Qui suis-je ? Quel est celui qui est en face de moi ? Quelles sont ses attentes ? Quelle est sa demande ? Sur quoi m'interroge-t-il ? Suis-je en situation de le comprendre, de l'éclairer, de lui permettre de mieux être ? Suis-je capable de me décentrer suffisamment de mes préoccupations, de mes intérêts, de mes à priori, de mes préjugés, de mes certitudes pour me centrer sur lui, pour me mettre à son écoute, pour me rendre disponible à sa façon de voir, de faire, d'être ?

Chacun se trouvera ainsi renvoyé et confronté à des façons d'être et de faire, issus des modèles structurants de son enfance, de son histoire. En effet la communication est pour chacun une découverte, une invention personnelle pourrait-on dire. J'ai « inventé » ma façon de communiquer (mettre en commun) en fonction des peurs, des désirs, des ressources, c'est-à-dire des stimulations ou des censures de mon entourage, de mon milieu. Et je vais tenter de rencontrer quelqu'un qui lui l'a « inventé » avec une toute autre dynamique. Comment ajuster autant de différences ? Nous touchons là, d'ailleurs, une des interrogations centrales d'une formation aux Relations Humaines : c'est qu'il n'y a pas de bonnes communications, il n'y a que des tentatives, des erreurs, des malentendus, des réajustements possibles. *La communication ne va pas se faire sur la recherche d'un accord mais sur la mise en évidence des différences.*

Et c'est là, peut-être, un des pièges de ce genre de formation. N'y a-t-il pas, en effet, le risque de trop centrer la démarche sur la personne, de déclencher un « égocentrisme », de privilégier la sphère affective. Cela d'autant plus que l'anxiété pour certains, ou l'appétit de découvertes pour d'autres, vont constituer la toile de fond du tissu relationnel dans le groupe de formation.

Il est possible aussi que, par la situation privilégiée du

---

1. « Le Développement de la personne », Ed. Dunod, page 188.

groupe de formation, soient stimulés des niveaux d'écoute peu « entendus » jusque là, autorisant ainsi une expression plus personnelle, plus authentique de la personne. Certains diront : « Je n'avais jamais parlé de cela à personne avant aujourd'hui ».

Par ailleurs nous avons la conviction de plus en plus forte que la petite phrase de C. ROGERS, si souvent décriée, peut servir de fondement à notre approche.

« J'en suis arrivé à croire que les seules connaissances qui puissent influencer le comportement d'un individu sont celles qu'il découvre lui-même et qu'il s'approprie » [1].

Devenir soi-même. Mais comme dit le poète O. Paz, « Etre soi-même revient toujours à être cet autre que nous sommes, et que nous portons, caché en nous-mêmes, promesse ou possibilité d'être ».

C'est bien dans ce sens que nous allons travailler en essayant d'être lucides sur les contradictions possibles qui pourront surgir tout au long de notre démarche.

Personne ne sait ce qu'il peut faire, jusqu'à ce qu'il essaie.

---

1. Pour toutes ces interrogations, nous renvoyons à l'excellent ouvrage de Louis Schorderet : « La Technique de l'entretien » Ed. Chotard.

> **Je ne comprends pas... signifie parfois « je commence enfin à entendre... » Car nul n'est plus sourd que celui qui entend.**

2. — *Méthodes et procédures*

La session de formation réunit en général 12 à 14 participants, parmi lesquels l'animateur ou facilitateur.

Le dispositif est le suivant : un cercle ouvert, sans table.

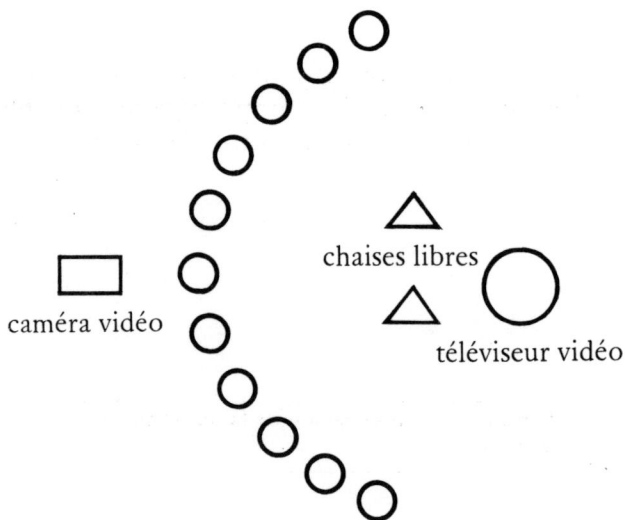

caméra vidéo

chaises libres

téléviseur vidéo

Deux chaises « libres » symbolisant la situation d'entretien [1], le lieu du « face à face ».

C'est sur ces chaises que se « joueront », se vivront les entretiens demandés par l'un ou l'autre des participants.

La caméra du magnétoscope est placée un peu en retrait. Il y a également un téléviseur de contrôle visible par tous les participants et qui permettra de revisionner l'entretien afin de le commenter.

La salle doit être claire, insonorisée de préférence, avec des sièges confortables. Un tableau papier complète l'équipement.

L'animateur rappelle les objectifs du stage et donne la définition de l'entretien tirée de D. LAGACHE que nous avons déjà présenté plus haut.

Cinq propositions « relationnelles » sont faites au groupe :

- Tenter d'utiliser les prénoms (le tutoiement sera fréquemment introduit par les participants eux-mêmes).
- Assister à toutes les séances, pendant toute la durée des séances.
- Etre discret sur le contenu des échanges dans le groupe.
- Invitation à restituer, c'est-à-dire à redonner au groupe, les échanges, les réflexions, suscitées à l'extérieur des séances et se rapportant au groupe ou à soi-même. Se former, en effet, ce sera partager les découvertes et les agrandir par une mise en commun.
- Invitation à s'impliquer soit comme demandant, soit comme écoutant pour créer des « situations d'entretien ».

Nous demandons à certains participants d'avoir vécu une session de sensibilisation aux Processus de Groupe avant de commencer un cycle « entretien » [2], ou d'avoir une expérience de vie relationnelle en groupe.

---

1. Toute une mythologie humoristique va se constituer sur ces chaises (chaise électrique, sellette, piscine, podium). Cette symbolique reflétera les principales phases de la dynamique du groupe de formation, autour de l'anxiété à se dire, à se dévoiler, mais aussi à « écouter ». Dans certaines phases de la formation elles seront donc « fuies et évitées » ou d'autres fois très demandées.
2. Pour certains participants, il est souhaitable de dédramatiser la présence du magnétoscope, soit en filmant la présentation, soit en « balayant » le groupe. Il est important, également, de préciser que les entretiens ne sont filmés qu'avec l'accord des intéressés, chacun ayant la possibilité de refuser la caméra. Tous les entretiens sont effacés à la fin de la session.

Les procédures de travail sont ensuite explicitées. « C'est en vivant des entretiens imaginaires ou réels, que nous pourrons découvrir quelques-uns des processus qui caractérisent la relation duelle, et aussi se sensibiliser à quelques aspects techniques et théoriques concernant les communications et les différents types d'entretiens ».

Plutôt que de parler sur la relation, de faire un discours sur la communication, ou des exercices plus ou moins artificiels, les participants sont invités à VIVRE, durant la session, le maximum de situations d'entretiens en acceptant de se mettre « en jeu sur les chaises », c'est-à-dire de vivre des rencontres, des échanges en tentant d'entrer en relation, d'établir un temps de communication avec des supports et des thèmes de leur choix. En fait, sept positions relationnelles fondamentales sont ainsi structurellement proposées, ce sont celles que nous retrouvons dans toute tentative de communication.

Les positions relationnelles fondamentales

1) *Etre demandeur* d'un échange ou d'un entretien, en attente, en interrogation pour soi-même, avec toute la gamme des demandes actives ou passives, directes ou indirectes qui peuvent caractériser un demandant. En sachant que toute demande s'inscrit dans le double mouvement du désir et de la peur, et ceci à des niveaux différents. « Je veux comprendre et j'ai peur de ne pas être accepté avec cette demande. »

2) *Etre écoutant* ou répondant à une demande.
(Cette position sera celle de celui qui assume l'entretien).

3) *Etre observateur-participant*, en restant sur la périphérie des échanges sans aller sur les chaises. Ne pas s'impliquer directement dans un échange.

4) *Etre invitant* ou sollicitant en pressentant et en révélant une demande potentielle chez un autre. C'est l'attitude relationnelle la plus riche. Oser être invitant, stimulant pour

quelqu'un. Cette attitude est combattue dans notre culture par une contre attitude : celle du pseudo-respect [1].

5) Avoir *une position de fuite*, de refus, de démission. Ce sera le bloquant/bloqué.

6) Etre *présent/absent* (présent physiquement et absent psychiquement) à l'écoute de soi ou d'une préoccupation extérieure, c'est-à-dire non disponible.

7) Etre *résonant*. Mon propre retentissement, à ce qui se dit, prend le dessus. « Je n'entends que moi. Je ne peux entendre l'autre car je suis pris dans le labyrinthe de mes propres échos ».

Note : Chacune de ces positions peut aussi correspondre à des temps différents dans un même échange. La variabilité des positions est liée au dynamisme de l'entretien. La souplesse relationnelle sera fonction de la possibilité pour l'un des partenaires de changer de position dans une relation de longue durée.

Nous pourrions dire que la santé relationnelle de quelqu'un sera fonction de sa capacité à laisser circuler en lui chacune de ces positions sans s'enfermer ou s'identifier à l'une d'entre-elles.

Deux supports sont proposés comme outils méthodologiques.

a) *Le jeu de rôle*

Il permet de revivre des entretiens passés ; ceux qui nous ont posé question, ceux pour lesquels nous avons un sentiment d'insatisfaction ou de satisfaction, ou encore un intérêt de clarification.

Nous pouvons choisir dans le groupe — un participant peut également se proposer — le protagoniste qui devient, soit le partenaire, soit un « autre nous-même ».

---

1. Le pseudo-respect qui nous paralyse, qui nous interdit, est caractérisé par un dialogue interne au cours duquel « nous pensons à la place de l'autre » que notre intervention sera inutile pour lui, déplacée, ou gênante ou encore insuffisante...

Le pseudo-respect doit tuer en France plus de gens que les accidents de la route ?

b) *Les situations de réalité*

Dans l'ici et maintenant du stage. Elles sont fondées sur le fait qu'il y a douze à quatorze personnes présentes et que chacune a la possibilité « d'entrer en entretien » avec les autres à l'occasion d'une interrogation ou d'une demande. Entretiens « vrais », vécus en face à face sur les chaises, avec les autres participants en retrait comme témoins-observateurs.

L'utilisation de l'un ou l'autre de ces supports se concrétise donc par un « vécu-sur-les-chaises ». La durée de l'entretien est laissée à l'appréciation des protagonistes.

Chaque entretien donnera lieu à une exploitation par le groupe. Chaque membre du groupe a la possibilité de s'exprimer sur ce qu'il a vu, entendu, ressenti à propos de l'entretien qui s'est vécu devant lui.

La présence du groupe va être différemment perçue suivant les « moments » du stage. Dans tous les cas il est ressenti comme un tiers présent « à la relation d'entretien », tiers favorisateurs, élucidateur, mais aussi voyeur, tiers défusionnel, tiers de la réalité ou du réalisme, dont les reflets, les commentaires vont avoir un impact et un retentissement plus ou moins fort sur ceux qui s'engagent en « entretien ».

La situation de formation prend corps justement par les reflets, les apports des autres participants et leur impact constituera pour beaucoup une remise en cause importante dans leur façon d'être et dans leur dynamique relationnelle.

Par ailleurs, il existe aussi la possibilité, si l'entretien a été enregistré au magnétoscope, de le revisionner et de le commenter. Le vécu en situation d'entretien, le reflet par le groupe et par le magnétoscope vont constituer l'essentiel de l'acte de formation avec le questionnement interne ainsi déclenché et provoquer un enrichissement des perceptions, un élargissement du ressenti.

Nous avons été souvent frappés par la réaction des intéressés au vu de leur propre prestation. Le fait pour eux de se voir, de découvrir leurs gestes, « d'entendre » le sens de leurs attitudes, de leurs paroles, d'écouter leur voix, est souvent vécu avec un choc émotionnel important.

Les analyses sur le contenu et la dynamique de l'entretien, les apports théoriques qui viennent éventuellement se greffer, n'auront d'impact, de résonance, qu'en relation directe avec le vécu et le reflet dans le groupe.

A certains moments, tout se passe comme si le groupe fonctionnait à vide. Chacun des participants étant pris par ses propres interrogations, ou restructurant ses défenses avant de pouvoir poursuivre.

De plus, la façon dont le groupe accédera à une plus grande tolérance de l'autre, à un non-jugement, favorisera les prises de conscience et les apprentissages. Il se crée ainsi un climat de liberté dans l'expression qui bouleverse certains participants et leur donne envie de créer des relations plus ouvertes, plus vivantes dans leur entourage proche [1].

Les attitudes dominantes de l'animateur se caractérisent par une semi-directivité sur les procédures (rappel de l'objectif, invitation à vivre les échanges en « situation d'entretien ») et une non-directivité sur le contenu (acceptation de tous les thèmes et du rythme de chacun, non jugement sur les conduites, les réactions...). Il interviendra, surtout, par un pouvoir de confirmation.

D'autres fois encore il y a des effets d'amplification extraordinaire par le retentissement de certains thèmes, par le rapprochement des expériences, par la découverte des affinités et par l'universalité de certains vécus.

> **Quand les mots franchissent les peurs à se dire,
> ils énoncent le possible.**

---

1. Cela donne parfois lieu à des malentendus au retour des stages. Plusieurs participants devenant plus exigeant sur la qualité de leurs échanges, ne se contentent plus de pseudo-communications, ils veulent se dire et être entendus sans se sentir « enfermés » ou forclos par la parole de l'autre... Dans un premier temps, donc, les sessions de formation à la communication n'améliorent pas les communications, dans le sens où elles dévoilent les pièges, les distorsions et aussi tous les possibles... à retrouver, à conquérir.

> Je rêve d'une pensée vigoureuse et simple, hardie bien qu'enracinée dans les émotions personnelles, mobile où l'erreur, où l'ignorance ne fut plus une faute que l'on cherche à camoufler ou à éliminer mais un risque affronté sans crainte.
>
> Marcel Pages

3. — *Déroulement et évaluation des impacts de formation*

Importance de la rencontre

La session de formation commence la plupart du temps sur la dynamique de la rencontre. Les participants ne se connaissent pas tous, ils ont des attentes plus ou moins diffuses et une certaine inquiétude sur ce qui va se passer. Quelques-uns ont des perceptions antérieures, des images, des « à priori », soit sur l'animateur, soit sur l'un ou l'autre des membres du groupe.

Après la présentation des objectifs et des procédures possibles, l'animateur reste silencieux et par là même invite le groupe à se prendre en charge, à vivre la situation en assumant « ce qui va se passer, quoi qu'il se passe ». Son attitude n'est pas passive mais invitante.

La présence des « chaises » fait l'objet de commentaires : « c'est artificiel », « c'est une situation fausse, on ne sera pas naturel », « c'est pas possible d'être spontané », « ça ne se passe jamais comme ça », « moi, quand j'ai un entretien, ça peut-être dans un couloir ».

Le groupe est pressenti comme un tiers menaçant dans la relation duelle, susceptible de jugements, de voyeurisme, d'agressions indirectes...

Des plages de silence s'installent avec des communications non-verbales plus ou moins intenses : regards, cigarettes, rires, mimiques :

« Comment sortir de l'anxiété provoquée par cette situation inhabituelle ? »
« Comment apprivoiser les lieux ? »
« Comment faire connaissance ? »
« Pour quelles raisons sommes-nous ici ? »
« Pourquoi l'animateur ne fait-il rien d'autre ? »

Telles sont les questions latentes.

Des demandes-agressions sont adressées à l'animateur qui n'entrera pas en matière pour l'instant.

Parfois, chez certains, (qui supportent mal le silence et la nouveauté de la situation où le groupe est renvoyé à lui-même), il y a une verbalisation tout azimut, une diarrhée verbale qui va indisposer une partie du groupe et transformer le verbalisateur en bouc émissaire de l'anxiété liée à la nouveauté de la situation.

Deux types de situation peuvent être exploitées à ce moment là.

Situation de rencontres jouées :

Les participants imaginent et inventent des moments de rencontres issus de la vie quotidienne.

Chez le dentiste, en auto-stop, dans le train, dans l'ascenseur, au café...

Ce qui se passe entre deux personnes qui se voient pour la première fois et que la situation oblige à une certaine proximité, invite à une rencontre.

Situation de rencontres « vraies » dans le groupe.

Plus fréquemment vont avoir lieu des rencontres qui correspondent à la dynamique présente du groupe : l'affrontement de l'inconnu (situation pédagogique nouvelle dans le sens où l'animateur est peu directif), le non dévoilement des personnes, la confrontation des attentes...

Qui sont les autres ?
Pourquoi sont-ils là ?
Que viennent-ils chercher ?
Par quel cheminement...
Que peuvent-ils m'apporter ?

« J'ai envie de rencontrer quelqu'un pour faire connaissance ».

« Je veux sortir de mon anxiété en plongeant, en allant de l'avant ».

« Je souhaiterais savoir pourquoi tu es là, pourquoi tu as accepté d'être dans cette situation ».

« J'en ai assez d'attendre sans rien faire, faisons quelque chose en allant sur une chaise, ça fera avancer ».

Qui va aider qui ?

A ce stade de la vie du groupe peu de participants ont la liberté d'exprimer leur désir, leur choix actuel et de désigner « l'autre ». La crainte du rejet, de la « demande mal entendue », s'exprimera un peu plus tard. Pour l'instant, la demande est « générale », à la cantonnade [1]. Quelquefois, un participant se lève brusquement et va s'asseoir attendant d'être choisi pour une rencontre.

L'attente ainsi posée exerce une pression considérable sur le groupe. La réponse

_____

1. L'animateur quand il parle à « tout le monde » peut essayer de s'adresser à chacun, par le regard, les attitudes, l'intonation. Il est là pour chacun. Il ne s'adresse pas à tous mais effectivement à chaque participant en personnalisant (prénom) très tôt ses interventions, ses invitations.

se fait rarement attendre, avec des motivations variables :

« Je n'ai pas supporté de te laisser là, tout(e) seul(e) ».
« Moi aussi, j'avais envie, mais je n'osais pas ».
« Puisqu'il faut commencer de toute façon... ».

Ainsi en quelques minutes, vont se concrétiser sous les yeux de chacun le désir et la crainte de la rencontre avec l'autre, souvent sur un mode ludique.

« Jouons le jeu qui nous est proposé/imposé », mais cela se fera parfois avec des modalités excessives, caricaturales, destinées à compenser l'anxiété.

La dynamique de la rencontre se structure autour d'un tâtonnement réciproque, ce que nous appelons le tâtonnement aveugle, l'apprivoisement incertain. « Comment vais-je me présenter ? Sur quel registre professionnel ou personnel ? A quel niveau (intellectuel, émotionnel), sur quel mode (ouvert, agressif, défensif) ».
Cela va se faire le plus souvent autour des quatre modalités suivantes :

* Recherche des lieux communs (profession, situation familiale, habitat), par interrogation réciproque (demandes, réponses alternées)

* Expression des perceptions et des impressions premières ou des images et des à priori antérieurs, ce qui peut ouvrir l'échange et libérer l'entretien en permettant souvent un ajustement émotionnel.

* La découverte des différences (opinion, idées, morale) et des divergences, des seuils de clivage qui peuvent rejeter chacun sur des positions plus défensives.

* Certains arrivent très vite à des demandes personnalisées concernant un vécu proche, une situation affective ou relationnelle difficile.

Les entretiens de rencontre sont en fait des préliminaires, car au tâtonnement aveugle et prudent, vont succéder les interrogations, voire les provocations et souvent le désir réel de faire quelque chose avec cette situation nouvelle de formation.

« Comment aller plus loin ? »
« Avons-nous envie d'aller plus loin ? »
« Que va-t-il arriver si je continue ? »

A ce stade chacun utilise un mode de relation qui lui est privilégié, plus ou moins défensif, qui ne facilitera pas toujours l'approche ultérieure.

Dans un premier temps l'attitude d'implication ou de provocation d'un des participants peut freiner l'échange, quand il veut par exemple entraîner l'autre sur un terrain trop personnel. Ce dernier va se dérober, soit qu'il ne se sente pas prêt, soit qu'il se sente menacé, « violé » par l'attitude du premier.

Dans la plupart des entretiens de démarrage, il y a un « décrochage » assez rapide, l'échange s'interrompt abruptement, à la demande d'un protagoniste. « On arrête là pour l'instant... », ce qui laisse la porte ouverte à des échanges futurs, qui se réalisent parfois dans les pauses.

Nous avons remarqué quelques attitudes/types qui se produisent à partir d'un point de cristallisation sur lequel les deux protagonistes pourraient se confronter, s'opposer :

* — L'intellectualisation, la généralisation, l'explication.
* — La démission ou retrait/évitement, le silence.
* — Le conformisme.
* — L'agressivité [1].
* — Le ludisme défensif.
* — Le questionnement barrage (mitraillage de questions).

Ce qui nous semble caractériser ces premières rencontres, c'est la recherche de points communs et la demande implicite d'approbation, ou encore la difficile découverte des différences, des « dissemblances ». Recherche des points communs pour se rassurer, pour trouver des repères, des supports. L'habitat, la profession, la situation sociale, familiale sont abordés, effleurés. Rapidement se fera le constat que l'autre n'est pas comme nous, qu'il se situe de façon diffé-

---

1. « L'affirmation tranquille » de soi reste assez rare dans cette situation.

rente, et cela provoquera une rupture, comme si l'ajustement ou l'affirmation (affrontement) était retardé, remis à plus tard. La différence chez l'autre paraît menacer l'image de soi qu'on tente de faire reconnaître (voire approuver).

En effet, dans ces situations de rencontre, la recherche d'accord, d'harmonie (au sens musical), domine la dynamique relationnelle avec comme enjeu « se faire accepter », « être aimé », « être reconnu ».

On peut remarquer également, soit un partage de la « direction » de l'entretien — le questionnement est réciproque, « je dis sur moi, tu dis sur toi » — soit un cycle « interviewer-questionné » avec un questionneur hyper-actif et un « répondeur » plus ou moins positif, facilitant ou non l'échange [1].

Pour les participants, dès ces premières rencontres, il y a la mise en évidence de quelques-uns des malentendus de la communication et des pièges du langage [2].

Le dévoilement trop rapide (implication personnelle soudaine) d'un des participants peut provoquer le blocage de l'autre, sinon du groupe (« on n'est pas là pour se déballer, pour raconter ses problèmes... »). Si tel est le cas, les situations seront « professionnalisées », rationalisées, on poursuivra dans le jeu de rôle... Le groupe s'autorégule et ne permet pas, semble-t-il, plus qu'il ne peut supporter avant d'avoir acquis et créé un climat de tolérance et d'écoute.

Chaque groupe, s'il n'est pas manipulé ou influencé par le « terrorisme » d'un participant (ou de l'animateur), trouvera une orientation « porteuse » favorisatrice d'une expression de plus en plus libre. C'est par la qualité du climat, par la tolérance et l'ouverture chaleureuse que se créera véritablement la situation de formation, c'est-à-dire le terrain propice à un changement.

---

1. Nous voyons là, par exemple, combien certaines rencontres sont de type « cannibalesque », un questionneur-dévoreur et un répondant-nourricier, chaque réponse nourrissant une question future.
2. Voir plus loin : Difficultés de la communication.

Chez certains participants, qui peuvent vivre à cette période de leur vie des états de crise ou de tension, ces situations de départ peuvent provoquer une « ouverture » , un défoulement émotionnel important, comme si les vannes d'un barrage trop longtemps fermées s'ouvraient enfin.

Cela étonne les nouveaux participants qui voient ainsi exprimer par d'autres, avec un langage émotionnel explicite, ce qu'ils pensaient eux-mêmes ne pouvoir dévoiler ou aborder.

Si le groupe refuse une implication personnelle et se bloque trop longtemps dans une position d'attente, l'animateur peut encore faire des suggestions de rencontres ou de situations relationnelles pour amorcer différents échanges.

L'exploitation des premiers entretiens va mettre en évidence un certain nombre de phénomènes et d'interrogations qui pourront se clarifier au cours de la session et serviront de support à la réflexion théorique.

le partage est le sens même de la relation.

> C'est toujours risqué d'écouter les gens...
> Car parfois on pourrait les entendre.

II. COMMUNICATION ET RELATION

1. — *Chacun d'entre nous a été obligé d'inventer la communication*

Cela nous apparaît une évidence de dire que nous avançons dans la vie (et ceci est valable pour la plupart des pays occidentaux) avec un handicap commun à tous les hommes (mais spécifique à chacun) en matière de communication :

celui de n'avoir pas appris à communiquer.

En effet, dans nos cultures, il n'y a pas d'apprentissage spécifique à la communication, seulement un apprentissage implicite. Nous vivons sous le règne d'une mythologie sociale du *savoir-faire* et du *savoir-être* spontanéistes ou naturalistes dans ce domaine comme dans celui de l'ensemble des relations humaines.

Le bébé est censé apprendre à parler avec sa mère, éventuellement avec son père. Et très tôt nous confondons expression et communication. Oui, il sait parler, oui, il sait émettre. Mais comment reçoit-il les discours qui sont faits sur lui ? Comment circulent les messages en lui ? Que deviennent-ils ? Quels autres langages utilise-t-il pour tenter de se faire entendre ? Quelle mise en commun en fait-il avec son entourage ?

L'apprentissage à la communication se fait à partir d'un conditionnement (comme celui de la propreté), qui subsistera plus tard dans les relations entre adultes, c'est à travers la communication que nous allons tenter d'agir sur l'autre. Ce conditionnement est basé souvent sur un postulat érroné : communiquer c'est s'entendre, s'entendre c'est être d'accord, être d'accord c'est être semblable, avoir les mêmes idées, éprouver les mêmes sentiments, êtres mus par les mêmes besoins, les mêmes désirs ou par des désirs complémentaires qui s'harmoniseront...

Combien de fois n'entendons-nous pas :

« *Avec un peu de bonne volonté, il y a toujours moyen de s'entendre* ».

« *Quand on le veut il n'y a pas de problèmes* » [1].

« *Ils ont tout pour être heureux !* »

Mais que font-ils de ce *tout* ? Comment le mettent-ils en commun ou se déchirent-ils avec ?

> La main qui donne la gifle ou la caresse est la même, simple différence d'intention et d'intensité.

Chacun d'entre nous a donc été obligé d'inventer ses modes de communiction en fonction des tolérances, des stimulations, des censures, des peurs et des possibles de son entourage immédiat.

Communiquer sera donc pour chacun une façon de se *mettre au monde*, de continuer à s'engendrer.

A notre naissance biologique « mise au monde », une aventure extraordinaire nous échoit. Nous avons changé d'élèment, nous sommes passés d'un univers humide et clos à un monde sec et ouvert sur l'infini du cosmos.

Nous avons surtout perdu notre unité par amputation de trois parties sur quatre qui nous contituaient dans le ventre maternel.

En effet, cet « être amniotique » constitué du fœtus, du cordon, du liquide amniotique et du placenta formait un tout,

---

1. Ce mythe de la bonne volonté ou du volontarisme dans les relations a beaucoup de conséquences... Il entraîne celui de la bonne ou de la mauvaise foi. « Il a bien entendu quand je lui ai dit cela ». Nous allons prêter des intentions à l'autre.

Il y a aussi celui du niveau intellectuel associé à un langage précoce. « Il comprend tout » — « il nous pose des questions étonnantes pour son âge ».

(chacun de ces éléments étant indispensable et en relation vitale avec tous les autres). Avec l'expulsion cet être abandonne successivement le liquide amniotique, le placenta et le cordon... qui seront définitivement perdus pour lui.

Ainsi quand le fœtus devient un bébé éperdu, poussant son premier cri et se reliant à l'univers par la respiration, il vient de vivre un morcellement considérable. Il vient de perdre son unité et par là même les éléments d'une complétude. Le fœtus fonctionnait en effet comme un système complet, autonome, inscrit lui même dans un autre système-contenant (le corps de la mère) dont il ne pouvait être coupé. A la naissance le bébé accède à la dépendance, c'est-à-dire à la non-garantie de la sécurité. Le contenant (la mère) devient aléatoire, non totalement fiable.

Notre hypothèse est que *la communication sera cette tentative désespérée de continuer à se mettre au monde en recherchant chez les autres l'équivalent du placenta, du liquide amniotique et du cordon.*

Ainsi nous jouerons ou d'autres joueront pour nous l'équivalent de l'un ou l'autre de ces trois éléments. Et nous rechercherons toute notre vie l'être unique, absolu qui posséderait (ou capitaliserait) les trois « *parties* » de cet ancien nous-mêmes qui nous constituaient au temps de la conception.

Nous avons aussi appris à communiquer à partir du « discours » ou de la « parole » d'un autre qui a parlé pour nous [1] (paroles des parents, des maîtres...). Ce sont nos proches qui, à travers des injonctions, des menaces directes ou indirectes, des modèles, des interdits et des censures ou des permissions ont « *imposé* » leur parole en nous.

Il nous sera très difficile, plus tard, de « retrouver », d'assumer ou tout simplement d'affirmer « notre propre parole ».

C'est une découverte éblouissante d'accéder un jour à sa propre parole et de dire, par exemple, un oui ou un non qui soit un vrai *OUI*, ou un vrai *NON*.

Nous entrevoyons ainsi la puissance des « mères », c'est-à-dire des femmes, sur le jeune enfant dans son accession au langage puisque l'essentiel de leur éducation — tout au moins dans la petite enfance — passe par elles.

---

1. Il suffit d'entendre la plupart des parents — dire — énoncer — affirmer — ce que l'enfant est censé avoir vu, senti ou ressenti dans une situation vécue par lui.

Puissance d'une parole faite d'amour et de soins, mais aussi de désirs et de peurs — construite généralement sur le seul dire féminin. La parole des pères est trop souvent silencieuse ou absente. Elle ne s'inscrit pas suffisamment tôt dans le corps de l'enfant.

En écoutant l'expression de la vie intime, personnelle ou de la vie professionnelle et sociale des individus, nous percevons très rapidement que ce qui les touche le plus, ce qui est au centre de leurs interrogations et souvent de leurs souffrances, c'est bien un questionnement sur « *leur relation* », associé à un sentiment diffus (quasi général) de « *mal communiquer* » avec autrui et avec eux-mêmes.

Aussi pouvons-nous dire que *communiquer* et *être en relation* sont *deux besoins fondamentaux et vitaux* dans l'écologie de l'existence humaine.

Qu'est-ce que communiquer ?

C'est *mettre en commun*, et cela va au-delà de l'expression des sentiments et du vécu ou de la simple information passée à l'autre ou commentée devant lui.

> **Parler de la parole pour mieux parler**
> Jérôme Liss

2. *Qu'est-ce que communiquer ?*

Toute tentative de communication se fait essentiellement autour de quatre démarches.
1. ECOUTER
2. ENTENDRE
3. DIRE
4. NE PAS DIRE

La plupart des difficultés de communication sont liées à l'un ou à l'autre de ces processus.

Quelques mots sur chacune de ces démarches.

1) ECOUTER autrui est difficile car cela suppose un renoncement
    — à parler
    — à se justifier
    — à expliquer
    — à convaincre
    — à répondre

L'enjeu de toute écoute sera : Quoi et Comment ? Accepter d'accueillir ce qui s'exprime et cela ne veut pas dire
approuver.

L'écoute suppose une *décentration* (sortir de soi) et une
intentionnalité (se mettre à disposition). Elle suppose proximité et distance [1]. L'écoute se fera sur trois registres différents :

Au niveau des faits (l'histoire, l'anecdote, les événements)

Au niveau du ressenti (le vécu, les sentiments, les émotions)

Au niveau du retentissement (les émotions, les images).

Ces trois niveaux sont de l'ordre de la communication
concrète et directe. Il y a un quatrième niveau, celui de la
pensée, du conceptuel, de la généralisation qui utilise un
langage abstrait, maniant les idées. Les trois quarts des
communications se font à ce niveau, ce qui développe souvent des communications indirectes et ne favorise pas un
véritable échange ou le partage d'un vécu.

Ecouter exige la différenciation, c'est-à-dire la séparation
de ses propres désirs, de ses sentiments d'avec ceux de
l'autre.

Ce que ressent l'autre, ce qu'il éprouve lui appartient.
C'est dans cet espace créé entre le dire et la disponibilité
que va se faire l'écoute.

L'écoute active est axée sur la centration, la focalisation
et l'amplification.

Quelques obstacles à l'écoute :
    — la résonance
    — le retentissement
    — le désir sur l'autre
    — la non-disponibilité

---

1. Là va surgir un malentendu important lié au système le plus fréquemment utilisé dans
la communication quotidienne : le système question-réponse. Nous croyons souvent qu'il
faut « répondre », mais répondre c'est parler... Parler c'est donc risquer d'empêcher
l'autre de s'exprimer...

> **Laisser naître le silence à l'instant où la parole peut mûrir sans occulter le possible du partage.**

2) ENTENDRE se fera à deux niveaux au moins :

• *Entendre chez l'autre* divers langages. Les mots et leurs significations, mais aussi le langage corporel : respiration -énergie - gestuelle - position du corps - regards, etc...

• ENTENDRE *chez soi-même*
Celui qui reçoit le message lui donne un sens. Donc ce que j'entends, je vais le « restituer » à l'autre.

Non pas en disant : « Voici ce que tu as dit » mais en proposant : « dans ce que tu as dit, voilà ce que j'ai entendu ».

Dans une écoute plus approfondie je me devrais d'entendre dans quel registre « réel » me parle celui qui se dit.

* Parle-t-il dans un registre réaliste ?
* Parle-t-il dans un registre symbolique ?
* Parle-t-il dans un registre imaginaire ?

D'où parle-t-il ? Cela est important pour l'écoutant car celui qui parle veut être entendu dans le registre où il s'exprime.
— Soit à partir du réel, de l'événement vu ou auquel nous avons participé de façon directe ou indirecte.
— Soit à partir du symbolique, qui sera un ensemble de significations dont la cohérence se rattache à des sens compris du sujet seul... à un moment de son histoire, puis perdus, séparés à un autre moment. Ainsi prendront sens des actes, des paroles, des événements qui pris dans leur contexte actuel, dépouillés de leurs liens avec une « histoire non apparente-décousue ou cachée » n'auraient qu'une signification ordinaire ou banale et qui vont se révéler chargés de pouvoirs et de conséquences totalement insoupçonnés par celui qui les énonce ou les vit. Par exemple les somatisa-

tions sont des langages symboliques, avec lesquels notre corps signifie, contredit ou amplifie le discours manifeste. Une femme dira « il y a deux ans j'ai voulu avoir un enfant... et mes règles se sont arrêtées depuis ».

— Soit à partir de l'imaginaire. Ce niveau sera lié à des représentations, à des visualisations (productions d'images, de scènes ou de scénarios) qui vont s'inscrire chez le sujet à différents moments de son histoire et qui vont lui servir à « construire » le monde et à apprivoiser sa relation aux autres.

La vie de l'imaginaire constitue chez chacun une des parts les plus importantes de la vie relationnelle. Nous pensons en effet que les quatre cinquième de nos relations se vivent sur un mode imaginaire, « dans notre tête » dans une sorte de construction faite de dialogues imaginaires, de rencontres anticipées, totalement irréelles mêmes si elles s'appuient sur des faits perceptibles et réels. L'imaginaire est fait aussi des projections dans le futur. La façon dont nous « prévoyons » certaines situations : « alors je lui dirai ceci et elle me prendra la main... » En rentrant chez nous, après le travail, nous anticipons dans notre têtre ce que nous allons dire, faire — et aussi les réponses attendues... malheureusement cela ne se passe jamais (ou rarement) comme prévu. Ce sera d'ailleurs l'une des sources les plus actives de la pollution relationnelle : les frustrations liées aux attentes implicites dans lesquelles nous avons enfermé l'autre, sans qu'il le sache.

Cet imaginaire constitué par les fantasmes ainsi que les transformations de nos récits et toutes les extensions de la réalité constitueront aussi le réservoir inépuisable de notre créativité... même quand nous n'osons pas y puiser.

3) Dire

Pour nous il y aura une grande différence entre parler sur l'autre et parler à l'autre — entre parler sur soi et parler de soi. Le dire consistera à tenter de se dire, à exprimer sa perception de la réalité, à partager son vécu, à informer et peut-être à prendre le risque de déranger.

Pour se dire les conditions minima seront :
* besoin de l'un — disponibilité de l'autre.
* intimité sans le terrorisme du tout dire.
* langage connu avec un code accessible à chacun.

Dans le dire nous retrouverons les trois niveaux d'une

écoute possible. Puis-je me dire au niveau des faits tels que je les ai perçus. « J'avais rendez-vous à 18 h et il arrive à 18 h 15 (à ma montre !).

Puis-je me dire au niveau du ressenti. Ce sera mon vécu — et celui-ci sera fondamentalement différent de celui de l'autre. « J'ai cru que tu ne viendrais pas » — « J'ai été retardé et j'ai roulé comme un fou ». Dans cette séquence chacun exprime un vécu personnel (ensemble de sentiments, de sensations) qui ne sera pas dit avec des mots. Pour le premier par exemple : la peur, (viendra-t-il ?) la frustration (liée à l'attente, à l'incertitude). Pour le second : la colère (d'avoir été retardé), le dépit (de ne pas se sentir compris pour tous les risques encourus... en essayant de n'arriver qu'avec un quart d'heure de retard !)

Puis-je me dire au niveau du retentissement. En écoutant tout ce qui a été touché, réactivé, révélé dans les deux précédents niveaux et en le reliant à mon histoire. « C'est normal qu'il ne comprenne pas, il ne pense qu'à lui » (dévalorisation de l'autre — pour atténuer une culpabilité de soi — même trop forte). Et pour le premier « c'est normal qu'il arrive en retard, puisque je ne vaux rien — ça ne vaut pas la peine qu'on arrive à l'heure pour moi, de toute façon, je n'intéresse personne...! »

Se dire, ce sera accepter de partager nos différences.

« Je ne sens pas ce que tu sens » — « Je ne comprends pas la même chose que toi ».

Le dire se fera le plus souvent avec des mots « codés » (c'est-à-dire ayant un sens pour nous, dans un ordre de référence ou de valeur qui nous est propre). Le dire dans notre culture se fait à partir de fausses et de pseudo-questions. « Tu n'as pas envie de sortir ce soir ? » qui sont des demandes indirectes. Nous utilisons aussi les multiples langages du corps pour nous dire.

A qui va s'adresser ce dire, porteur de nos interrogations, de nos témoignages ou de notre désir d'être entendu ? A quelqu'un de significatif ? A quelqu'un qui justement ne peut entendre ? A celui qui est là, porteur d'une oreille ou d'un regard bienveillant ?

— A qui la petite fille de douze ans, qui a ses régles pour la première fois, va-t-elle le dire ? le taire ? ou le laisser découvrir ?

A qui puis-je dire réellement ?

— A celui qui peut entendre sans être détruit ?

— A celui qui peut respecter, recevoir sans s'emparer, sans me détruire ou me juger ?

— A celui à qui est destiné le message ou à son substitut ?

Autant de questions qu'il faudra clarifier ou simplement entendre.

J'ai aussi une responsabilité comme émetteur.

On peut dire que nous sommes responsables parfois de la non-écoute de l'autre.

* Soit en envoyant des messages trop codés, déguisés, chiffrés... en espérant que l'autre devinera. Survivance certaine du sentiment de toute puissance infantile qui pourrait s'énoncer ainsi « si l'autre m'aime il devrait comprendre sans que je dise... » Ou encore en envoyant des messages qui parlent d'un autre « Tu as vu Bernadette (la voisine) elle vient de s'offrir une Renault 18... ».

* Soit en choisissant le moment où l'autre (le recepteur) est épuisé, trop préoccupé, irrité ou plein de ses propres demandes. Ce qui permettra en plus de se plaindre, de culpabiliser et de rejeter les demandes éventuelles à venir.

Il y aura aussi tout le jeu des demandes croisées, chacun espérant l'écoute inconditionnelle de l'autre. L'écoute et l'attention comme un dû. Ce sera par exemple les « Je suis fatigué » mal reçus quand ils tombent dans la fatigue et l'irritation de l'autre. Il y a aussi tout le ressentiment, toutes les pollutions relationnelles accumulées au cours des précédentes tentatives de communication.

« Eh bien tu n'as qu'à t'en prendre qu'à toi même, si tu faisais moins de choses, si tu ne disais pas toujours oui... aux autres ».

* Soit en renonçant à dire, en refusant de partager, de s'engager. « Puisque de toute façon il ne veut rien entendre ». Dans ce domaine les attitudes d'auto-privation, de blocage et de refus sont fréquentes... mais aussi durement inscrites dans le corps.

Le dire se joue souvent à l'intérieur d'un champ de force fait de désirs et de peurs, de violence et d'inhibitions. Une des grandes difficultés relationnelles rencontrées par chacun, c'est de pouvoir se dire et être entendu sans être jugé, sans être récupéré, rassuré, sans être rejeté, étiqueté.

4) *Ne pas dire*

Le — ne pas dire — est à distinguer du « non-dit » souvent inaccessible à l'émetteur lui-même. Le non-dit c'est quelque chose qu'il sait sans le connaître, et que parfois il énonce dans un dit imprévisible (lapsus, acte manqué...).

Le — ne pas dire — par contre sera un acte d'affirmation, de balisage ou de différenciation vis-à-vis de l'autre. Il peut concerner :

* Le territoire. « C'est mon domaine à moi » — « Je ne souhaite pas partager cela, je veux le garder encore un peu ».

* La communication différée. Soit parce que les conditions ne sont pas remplies pour un échange, soit parce que les priorités sont ailleurs. « Je préfère ne pas parler de cela maintenant, je reprendrai cela avec toi dans un autre moment ».

* La possibilité de dire avec d'autres langages. Certaines émotions, certains sentiments ou attentions s'exprimeront dans des langages non-verbaux (regards, sourires, gestes subtils, respiration...)

Parfois le paradoxe d'une bonne écoute sera l'inutilité du dire. Il y aura une sorte d'accord — de compréhension empathique entre le récepteur et l'émetteur de sorte que les mots paraîtront inutiles. On trouve cela par exemple dans les débuts d'une relation amoureuse, ou dans certains états de communication intense comme la communion.

Nous pensons, cependant qu'il vaut mieux nommer les choses, ce qui permettra de les articuler à d'autres signifiants possibles.

Le — ne pas dire — peut être aussi l'évitement d'un conflit possible, d'un non-accord qui serait vécu comme insupportable. « Oh moi, je n'ai pas de problème de communication avec mon mari... on ne se parle jamais c'est plus simple ! ». Ou encore « Je ne discute jamais son point de vue, je préfère être d'accord avec elle ».

Si nous rassemblons tous ces éléments nous voyons que « mettre en commun » et « rester relié » ne sera pas toujours évident, facile ou même possible.

Il y aura des moments où le désir et le besoin de communiquer seront là — présents — mais ce qui va faire défaut, c'est le moyen, c'est-à-dire l'ensemble des conditions minima nécessaires à une mise en commun.

Communication possible

Dans une relation, il conviendra de distinguer le registre des sentiments et le registre de la communication. Ils ne se juxtaposent pas nécessairement. Il peut y avoir chez chacun beaucoup de bons sentiments envers l'autre et cependant une « mauvaise » communication entre les deux.

Exemple : Au retour d'un voyage, il peut y avoir chez l'un « le plaisir d'être là, de revoir le partenaire » et chez celui-ci le désir de s'intéresser à ce qu'a fait l'autre. Ainsi quand l'un sera « ici et maintenant », l'autre sera « avant et ailleurs ». Avec une simple phrase comme « alors c'était bien ce voyage ? » Il ne sait pas qu'il coupe la rencontre... et renvoie l'autre à 800 kms.

Une communication qui puisse être satisfaisante pour chacun, s'appuie sur huit conditions de base :

* *La disponibilité*, qui peut-être mise en échec par la saturation, le ressentiment, le besoin d'être entendu soi-même, le système relationnel déjà mis en place :
Exemple : Tel homme est persuadé que les demandes de sa femme sont plus importantes que les siennes.

* *La prise en compte de la pollution.* Quand une relation est vivante il y a nécessairement production de déchets.
Les sécrétions les plus fortes sont : les peurs, les représentations (les images) de soi.
Exemple : « Tu ne m'as pas téléphoné » (donc « je n'en ai pas fait assez », c'est l'image de moi que je reçois... et elle ne me satisfait pas).
Il y aura aussi le non-partage de la vie imaginaire... ce qui entraîne à remplir les vides en prêtant des intentions... ou en projetant sur l'autre.

* *Savoir se définir* comme demandeur ou écoutant.
Savoir se définir également dans ses désirs, dans ses demandes ou dans ses attentes, dans ses limites et ses contraintes.

* *Une alternance de l'écoute.*
Il n'y a pas de communication *simultanée* — seulement une communication *alternée*.

Exemple : « J'ai besoin de t'entendre et d'être entendu ». « Puis-je me dire sans que tu récupères ce que je dis ».

* Une alternance nécessaire des *positions d'influence haute et basse*. Si c'est toujours le même qui influence il y aura déséquilibre... et des prix à payer.

* Une grande vigilance pour créer *l'Apposition* plutôt que *l'Opposition* dans l'échange, c'est-à-dire accepter de mettre son point de vue à côté de celui de l'autre plutôt que contre lui.

* Comment *me dire* pour être entendu, ce qui ne veut pas dire approuvé.

Il y a une confusion fréquente entre entente (accord) et entendre. Comme si la communication à un niveau mythique c'était se mettre d'accord (supprimer le désaccord, la différence pour retrouver l'unité perdue).

* Comment *entendre* avec suffisamment « d'écho » pour permettre à celui qui parle d'écouter ce qu'il dit.

Il est devenu banal de dire que les relations familiales et socio-scolaires de la petite enfance sont le « creuset » de nos relations actuelles, mais ce l'est peut-être moins de découvrir avec quelle force, quelle intensité, quelle violence parfois se sont déposés en nous :

> • *des messages*, c'est-à-dire des signifiants qui vont s'inscrire en nous hors de tout contexte cohérent et logique.
> Les messages les plus « intenses » peuvent être entendus sans avoir jamais été énoncés verbalement car ils sont dit avec le corps, avec des regards qui signifient, par exemple, « le sexe est sale » — avec des « allusions » — « tes sœurs ont pu se marier à cause de leurs études... »

> • *des injonctions*, des paroles chargées de sens qui vont énoncer le possible ou l'impossible, le permis et l'interdit.
> Exemple : « Tu ne dois pas faire de la peine ». « On ne sait pas qui t'a fait ». « Ne sois pas comme ton père ». « Tu tiens des Lavignes toi ! »

• *des messages du corps.* Les maux parlent plus que les mots.
Exemple : Les bébés « parlent » beaucoup avec leur corps (otites, angine, asthme...) et nous aussi quand nous vivons des conflits (accidents, blessures...).

• *des secrets de famille et des silences* sur certains sujets.
Exemple : la folie — l'argent — le sexe.
Ils vont quand même « se dire » dans des actes répétitifs, des comportements compulsifs... qui sont autant de langages codés et indirects pour exprimer l'innommable qui devient alors indicible.

Je ne mens jamais, j'ai des sincérités successives et contradictoires.

Michel Tournier

Dans une relation de durée la communication est bien, d'une certaine façon, la poursuite d'un enfantement, d'un engendrement qui ne se termine jamais. Cette mise au monde se fera parfois dans des modalités douloureuses, en particulier à travers tout un système de réparation, de dettes à payer, de culpabilisation et de recherche éperdue de la complétude ou de la toute puissance.

Si communiquer est une façon de continuer sans relâche à se mettre au monde pour retrouver une unicité perdue, c'est aussi un moyen de se relier à l'ensemble du cosmos par la rencontre, par l'échange, par l'interpellation de l'autre qui nous agrandit. Ainsi la communication sera le moteur du changement car elle entraîne une interpellation permanente, une remise en cause des certitudes et parfois des croyances.

Trop de gens causent, leur langue paralyse leurs mains.

Julos Beaucarne

> **Car ici comme ailleurs, il suffit d'oser. Quelquefois, leurré par les apparences, on met dix ans à ne pas oser. Mais quand on s'est jeté enfin à l'eau, alors on n'en finit plus de chasser l'angoisse à grands cris de joie.**
>
> Pierre Magnan

3. — *Qu'est-ce qu'une relation vivante ?*

Nous nous sommes interrogés aussi sur la relation c'est-à-dire, sur le fait d'être relié, d'être rattaché à quelqu'un par un lien.

Nous entendons par relation ce qui au-delà de la rencontre va s'inscrire dans une durée... avec des communications suivies... et vivantes.

- De quoi est fait le lien entre deux êtres ?
- Comment se constitue-t-il ?
- Comment tient-il ?
- Qui l'alimente et par quel bout ? (Car un lien a toujours deux bouts).
- Est-ce une attache ?
- Est-ce une passerelle ?
- Est-ce un pont ?

En recherchant les éléments et les constantes qui sont communes à toute tentative de relation nous avons pu les articuler autour de quelques termes en apparence simples, connus et facilement mis en œuvre, mais qui se révèlent en réalité d'une extrême complexité quant à leur mise en acte et à leur interaction.
Ce sera :
1 — DONNER
2 — RECEVOIR
3 — DEMANDER
4 — REFUSER

Chacune de ces démarches se combinera avec :
- des désirs

— des besoins
— des interdits
— des peurs.

Comment vont-elles interférer entre elles ?

Quelles interactions multiples, labyrinthiques vont se faire autour de ces éléments entre deux êtres ou à l'intérieur d'une famille, par exemple, (pour se développer en système familial) ou encore dans les relations sociales ?

* LE DONNER sera de l'ordre de l'offrande, du don, de l'approbation ou de la confirmation.

Avec le donner nous sommes renvoyés aux différentes significations des dons et des cadeaux. Donner ou se donner peut avoir de multiples sens ou des enjeux très différents, au-delà des intentionnalités apparentes.

— Payer une dette.
— Mettre en dette, déclencher de la culpabilité.
— Punir, culpabiliser (« regarde tout ce que j'ai fait pour toi »)
— Sans condition ou avec condition (« je te donne et ça s'appelle reviens »)
— Perte d'intégrité
— Privation de plaisir — priver l'autre du sien (en lui rendant le cadeau par un autre don.)
— Remplir, combler, répondre.
— Appel-demande (c'est une demande déguisée.)

Certains hommes offrent des caresses... pour avoir des relations sexuelles, par exemple. Ou comme disait cet enfant « Oh Papa il ne demande jamais rien, il nous donne... du travail et des conseils ».

— Il y a toute la dynamique des cadeaux offerts-rendus. Que se passe-t-il quand on offre à son tour après avoir reçu un cadeau ? Cela peut s'appeler rendre, dans le sens de la réciprocité ou dans le sens du refus.

— Que donnent réellement les parents, quand ils s'occupent de leurs enfants ? Du temps, des soins, de l'intérêt, une confirmation et/ou aussi des « demandes » portant sur ce que l'enfant doit être, faire ou sentir.
— Que donne un partenaire à l'autre dans un couple ? Du temps (son temps) de l'amour, des attentes, des peurs, des stimulations, ses soucis...

— Que donne un soignant à un soigné ? Des gestes fonctionnels, une compétence centrée sur les symptômes ou la maladie ? Une possibilité de relation, une ouverture pour lui permettre de mieux entendre ce qu'il vit, ce qu'il dit avec ses maux.

> Même lorsque je donne... c'est moi qui demande.

Le donner est ambigu quand il signifie « je te donne ce que je voudrais recevoir », ce qui fait que l'autre à ce moment là ne reçoit rien.

Par exemple : Julie voudrait être accueillie par Jean quand elle rentre de son travail. C'est pour cela d'ailleurs qu'elle se dépêche de quitter son bureau et qu'elle ne s'attarde pas en route, guettant si elle voit les lumières de sa maison. C'est ainsi que Julie arrive toujours la première. Elle est un peu déçue, mais elle va offrir le plaisir qu'elle aurait aimé recevoir à son mari... en préparant la maison — comme elle même aurait aimé qu'elle soit à son arrivée. Le paradoxe est double : comment Julie peut-elle espérer être accueillie si elle s'arrange toujours pour rentrer avant lui ? Dans cette impatience à imaginer qu'elle sera accueillie, elle se prive justement de ce qu'elle désire si fort... et qu'elle ne peut alors offrir qu'à l'autre. Elle offre ce qu'elle n'a pas. Et que l'autre ne désire peut-être pas.

> Je souffre du retard de l'autre... J'ai un moyen de ne plus souffrir : c'est arriver après lui. Mais c'est tellement difficile que je ne peux... pour l'instant.

C'est ainsi que nous dépensons des énergies considérables à entretenir justement ce que nous ne voulons pas.

* Le trop donner

— Trop donner à l'un, parce qu'à un autre le don est destiné.

— Trop donner c'est parfois tenter de donner autre chose que ce que l'on voudrait pouvoir ou savoir offrir. « Je lui donne mon inquiétude, car je ne me supporte pas comme cela ».

— Trop donner à manger (ou trop en faire) parce que l'on ne sait pas les gestes de l'amour, de la tendresse ou de la haine.

Ou se défendre de recevoir ce que l'on sent ne pas mériter c'est, en le rendant à l'avance, éviter ainsi les sentiments de reconnaissance, de dépendance, de redevance.

— Trop donner parce que l'on voudrait recevoir.

— Trop donner pour ne pas recevoir.

— Trop donner pour cacher la déception ou le ressentiment. Se noyer (et noyer l'autre) dans l'abondance offerte.

— Trop donner encore pour nourrir constamment une bonne image de soi (bon époux, bon père, bonne mère...)

Cette dynamique du trop donner s'exprime souvent dans le faire, (il faut faire quelque chose non !) dans le passage à l'acte relationnel et débouche sur toutes les aliénations imposées à autrui par nos bonnes intentions.

* LE RECEVOIR sera de l'ordre du oui, de l'ouverture, de l'accueil, de l'acceptation ou de l'abandon. Il sera à distinguer du prendre. Recevoir c'est amplifier et accroître l'autre et soi-même. C'est en terme relationnel, être satisfait, apaisé, confirmé à partir du besoin de l'autre, d'une demande, d'une attente.

— Les obstacles au recevoir :

Peur d'être envahi, rempli, gavé.

Peur de devoir rendre, d'être en dette.

Risque de mise en dépendance. « Je ne peux recevoir, ce serait trop te devoir ».

« Ce serait risquer d'avoir besoin de toi, donc de souffrir... si je n'ai plus. » « Ce serait montrer que j'avais des besoins, donc laisser voir ma vulnérabilité. »

Risque d'irruption de l'autre sur mon territoire.

Risque de réactiver des frustrations à partir d'un manque, dans le jamais assez, le trop tard ou le ressentiment.

* LE DEMANDER débouchera sur l'affirmation ou la dépendance. Oser demander peut rétablir la réciprocité, créer l'alternance des positions.

Demander c'est prendre un risque, celui du refus ou celui d'être comblé.

Etre demandeur de quoi ? — d'être entendu ? d'être reconnu ? d'être satisfait ?

Autant de niveaux qui ne sont pas toujours clairs dans l'expression d'une demande.

Dans l'éducation reçue, nous avons censuré beaucoup de nos demandes, aussi vont-elles s'exprimer plus tard à travers des demandes indirectes, des plaintes, des reproches ou un questionnement... qui parfois rendra l'autre demandeur à notre place.

Oser affirmer une demande est difficile, risqué, car cela peut créer de la dépendance dans une relation. Cela renvoie aussi à oser se définir, c'est-à-dire à se différencier.

Si on ne se définit pas dans un échange, on risque d'être défini par autrui... et donc de ne pas se reconnaître ni dans son expression, ni dans ses valeurs.

Il faudra aussi distinguer entre désir et demande — la confusion entre ces deux positions est fréquente. Le désir a besoin d'être entendu et reconnu, pas nécessairement satisfait au contraire d'une demande. La communication parentale est souvent une relation de frustrations pour les parents et les enfants, car elle est faite de désirs chez les enfants et de demandes chez les parents (ou vice versa... et jamais au même moment).

Il y aura aussi toute la problématique des demandes impossibles. Quand nous sommes les demandeurs du désir de l'autre, cela se développera dans une communication impossible ou conflictuelle.

Il n'y aura pas d'autre issue, pour celui qui demande ce que l'autre ne peut lui donner, que de devenir moins demandeur — réellement, sans feindre ou refouler — ou de se nourrir de sa frustration.

* Je voudrais que nous vivions ensemble. C'est mon désir et je souhaite que tu le partages.

— Ce n'est pas mon projet et je ne peux partager cela avec toi.

Ou encore.

* Je voudrais un deuxième enfant...

— Je ne veux pas d'un deuxième enfant.

Dans ces situations, l'échange possible sera de pouvoir parler l'un et l'autre de son désir et de son non-désir ou de son désir différent.

On ne peut parler sur le désir de l'autre sans prendre le risque de bloquer l'échange.

* LE REFUSER sera de l'ordre du NON. Ce non peut se vivre sur deux registres opposés : affirmatif ou privatif. « Je peux me construire dans le non, je peux aussi me frustrer, me priver ». Le non peut avoir de multiples significations.

— je n'ai pas le droit de recevoir
— j'ai peur d'être envahi
— j'affirme ce que je ne désire pas
— j'ai peur de perdre le contrôle

Nous développerons plus loin chacun de ces aspects en les illustrant dans différents types d'entretiens. Nous proposerons des balises et des moyens pour favoriser l'établissement de communications vivantes et de relations en santé. Nous ne pensons plus en effet qu'il y ait de bonnes ou mauvaises communications, de bonnes ou mauvaises relations, mais nous défendons la possibilité d'échanges suffisamment stimulants qui permettront outre l'expression pleine de chacun, l'épanouissement et la croissance mutuelle.

> Parfois il n'y a pas d'interlocuteur plus difficile à convaincre... que soi-même.
>
> G. Schmider

> Si tu demandes à l'autre
> ce qu'il n'a pas, tu ne
> peux recevoir ce qu'il a.

III. ÉTUDE DE QUELQUES PHÉNOMÈNES RELATIONNELS DANS L'ENTRETIEN DE FACE À FACE

1. — *Le questionnement d'autrui*

Notre culture sociale — et le système scolaire le développe et l'amplifie — utilise comme mode privilégié de la relation le questionnement. Nous entrons le plus fréquemment en relation par des questions, qui apparemment, visent à améliorer l'information et la compréhension, mais vont se révéler ambiguës et porteuses de nombreux malentendus. « D'où vient la parole... c'est de là que ça veut parler ». Or, si nous commençons par répondre, c'est à dire par parler, sans le savoir, nous « empêchons » l'autre de s'exprimer [1].

Le type de questions utilisées dans un échange aura pour fonction cachée de fermer ou d'ouvrir l'échange, de le stimuler ou de le réduire.

1) *Des questions ouvertes.* Elles laisseront l'autre libre de donner sa réponse (ou de ne pas répondre) et éventuellement de la développer à son rythme et dans le sens où il le souhaite. Ces questions n'existent pas en elles-mêmes, elles sont à inventer chaque fois.

---

1. Remplacer le questionnement par un autre mode d'interpellation est une des tâches fondamentales de celui qui veut se former à l'entretien.

2) *Des questions fermées*. Elles déclenchent de parcimo-
nieuses réponses affirmatives ou négatives. Elles constituent dans l'échange autant de ruptures. L'entretien
avance au coup par coup. Si ce questionnement est
répétitif, l'entretien débouche sur un interrogatoire et
risque de se bloquer ou de se développer en « jeu de
cache-cache ».

« Es-tu d'accord ? ».

3) *Des questions inductrices ou manipulatrices*. Elles font
dire à l'autre ce que l'on souhaite qu'il réponde ;
elles disent « indirectement » ce que l'on n'ose pas
énoncer :

« Y a-t-il une personne qui aurait une envie folle
de fumer ? »
« Vous ne trouvez pas qu'il fait chaud ici ? »
« Qu'est-ce qui vous a empêché de lui dire non ? »
« Vous êtes d'accord, vous, avec quelqu'un qui
laisse ses enfants sans surveillance ? »
« Le film était formidable, vous ne trouvez pas ? »
« Vous semblez adorer vos parents ? »
« Je me demande si vous avez eu raison de faire
cela ? »

4) *Des questions défensives*. Elles empêchent l'autre de vous « approcher ». Ce seront les « questions-écran », les questions-fuites (changement de sujet, de niveau...)

5) *Des questions intrusives*. Elles malmènent l'interlocuteur et le placent en situation de refus, d'échec ou de négation.

6) *La question POURQUOI* : la plus mauvaise des questions car elle entraîne ou une justification, ou une explication [1].
> « Pourquoi vous êtes-vous marié avec elle ? »
> « Pourquoi étiez-vous en retard hier ? »

Le questionnement est un appel parfois maladroit, quand il est fait avec des questions harcelantes, harassantes qui signifient souvent une demande indirecte chez celui qui les pose :
> « Moi aussi je peux t'écouter, t'entendre, dis moi donc ce qui s'est passé ».

Ou encore une exigence :

> « Dis moi pour que je puisse t'expliquer ».

7) *Des questions indirectes*. Elles sont des appels :
> « Que pensez-vous de Monsieur X... ? »

8) *Des questions auto-réflexives ou projectives*. Elles « parlent » plus de celui qui les pose qu'à celui à qui elles s'adressent :
> « Vous auriez épousé, vous, un homme alcoolique ? »

Ces questions parlent aussi :

SUR LE SENS DU QUESTIONNEMENT
Le sens du questionnement sera à retrouver, à entendre au-delà des projections possibles.

---

1. Expliquer un événement, un comportement, c'est peut-être justement ne pas le comprendre.

Les questions sont-elles tournées vers soi ou vers l'autre ? Interroger autrui sur lui ou sur un thème, n'est-ce pas avoir une interrogation sur soi-même ou sur le même thème ?

> **Je ne possède en propre que ce que j'ai partagé**

Le rythme des questions (mitraillage) est important ; si l'investigation est trop rapidement personnelle, elle peut provoquer un blocage susceptible de subsister durant tout l'entretien et d'handicaper la relation future.

SUR LA VALEUR DES « RÉPONSES ».

Répondre trop vite à une question c'est prendre le risque de ne pas entendre de quel sens elle était porteuse. Autrement dit d'éviter l'écoute d'une demande dont la question n'est que le véhicule.

Beaucoup de questions sont porteuses de « demandes », c'est-à-dire d'attentes qui ne sont pas toujours claires même pour celui qui les exprime.

La reformulation, l'amplification, la redondance seront des outils efficaces pour permettre l'émergence d'un message plus essentiel à celui qui parle.

Un autre piège d'une réponse trop rapide sera le risque de tomber dans l'explicatif, cette tentation de posséder la vérité pour l'autre et de la lui apprendre. Un des enjeux de l'entretien (et certainement de beaucoup d'échanges) sera de permettre à celui qui parle d'entendre ce qu'il dit. De permettre à celui qui se dit de retrouver le sens, la place de sa parole dans un ensemble, dans une cohérence intime.

Nous insistons également sur l'importance d'une reformulation positive face aux interpellations négativantes.

Par exemple :

* « Tu ne me fais pas confiance ? »
— « Ce serait important pour toi, que je puisse te faire confiance ? »
* « Je voudrais vous parler, mais ce sera encore inutile, ça ne servira à rien ».
— « Vous souhaiteriez que ce que vous avez à me dire serve à quelque chose ? »

Docteur, dites-moi ce que j'ai.

Hélas je ne pourrai lui dire surtout, que ce qui lui manque.

FORMATION MÉDICALE CONTINUE...

Sémiologie.

Aujourd'hui nous aborderons « Le premier temps de la consultation : le questionnement » (bruit dans la salle : « facile »).
Voici chers élèves comment je procède :
Au malade : « je nous vous poserai qu'une question : Quelle est votre réponse ? »
N'essayez pas d'expliquer la question.
Ne cherchez pas le pourquoi de votre réponse.
Ne répondez pas non plus à la question ; car ce que je veux, et c'est bien là ma question, c'est une réponse à votre réponse, car la question est une réponse à ma question.
Vous serez peut-être tentés de vous lancer dans un questionnement miroir, fournissant à la question une autre question. Ce serait là vous fourvoyer, car chaque réponse a une question.
C'est à ça que servent les réponses, à poser les vraies questions, celles qui se cachent derrière les réponses aux questions sans réponse.
Vous me répondrez (un tantinet excédés) :
« Mais quelle est donc votre question ? »
Voilà une drôle de réponse à une question aussi simple.
Pourquoi compliquer à plaisir ce qui n'est qu'une question de bonne réponse ?
Je sens que vous me questionnez du regard.
Ça m'interroge !
Votre malaise augmente, déjà vous vous sondez.
Enfin vous parlez !
« A ma réponse je ne vois pas de question ».
Consternation dans la salle. Sifflets. La honte ! ».

A. Clément

2. — *L'écoute*

> Elle disait de sa grand-mère « elle m'écoute même si je ne dis pas ».

Dans un échange, beaucoup pensent que l'essentiel est de parler et de pouvoir faire parler. La mythologie du : « Je ne sais pas dire » — « Je n'ai rien à dire » — « J'ai toujours eu du mal pour m'exprimer » — est fortement inscrite dans nos façons d'être.

Les participants font la découverte que la partie la plus négligée dans la communication est l'écoute. Ils imaginent souvent à tort que l'important est de « savoir dire ».

Remplir les silences, « tenir » la conversation, répondre, questionner, semblent être les grandes préoccupations de certains au début, en privilégiant le discours des mots et non la recherche d'un sens, d'une parole qui leur soit propre [1].

Ecouter, entendre vont devenir les fils conducteurs de la démarche. Affiner son attention, multiplier son écoute en essayant d'entendre les « paroles » d'un autre langage présent dans tout échange. Se décentrer (sortir de soi) pour se centrer sur l'autre ne sera pas facile à réaliser.

Nous verrons plus loin que l'amélioration de la communication passera par l'apprentissage de la méta-communication.

a) *Les difficultés habituelles et les conditions de l'écoute compréhensive d'autrui.*

Ecouter signifie être capable de recevoir/recueillir ce que l'autre veut nous dire, au niveau et avec l'intention [2] qui est la sienne et d'entendre ce qu'il a du mal à dire et qu'il veut peut-être voiler, cacher ou retenir. C'est aussi être capable

---

1. Nous le sentons très vite chez certains quand ils parlent sur eux et non d'eux. Quand ils sont en représentation, séparés ou dissociés d'un vécu, d'un témoignage propre.
2. Il faut compter là aussi avec les subtilités de l'inconscient et le décalage qui peut exister entre les intentions profondes, les pulsions, le refoulé et l'expression « autorisée », ce qui « sort » à un moment donné.

de reprendre et de résumer ce que l'autre vient de dire. Nous entendons les mots, les contenus mais nous ne savons pas en écouter le sens. L'écoute compréhensive nous paraît être, avec la capacité d'observer, la clef de voûte de l'entretien d'aide.

Notre appartenance à un groupe social quel qu'il soit a modelé notre façon de voir et de réagir. Ces modèles peuvent être des stéréotypes. Nous avons une manière rigide de concevoir et de juger les personnes appartenant à un groupe lorsque nous sommes nous-mêmes imprégnés des modèles de notre propre groupe. Notre jugement résiste à la logique et à la contradiction des faits, ce qui veut dire que nous allons opposer une résistance (sélectivité, occultation, déformation) au discours de l'autre, si ce dernier contredit trop nos croyances, nos modèles. Ecouter sera donc accepter de lâcher des défenses, renoncer à des croyances, élaguer des certitudes.

Nous devons faire attention, non seulement à la signification intellectuelle de ce qui est formulé par autrui, mais aussi aux sentiments éprouvés dans la situation. Ce qui compte dans *l'écoute compréhensive*, c'est de percevoir les significations vécues par l'autre, en évitant d'y projeter ses peurs et ses désirs.

Concrétement cela voudra dire :

    * Accepter de laisser parler (donc se taire soi-même)
    * Stimuler si nécessaire, « peux-tu en dire plus ».
    * Relancer en quittant le niveau de la généralisation pour celui de la personnalisation, du témoignage vécu (où, quand, comment, avec qui ?)
    * Amplifier (redondance, reformulation) et relier (rapprochement de différents éléments discontinus).
    * Etre sensible aux sentiments et aux émotions réactivées en soi par cette écoute.
    * Clarifier et réactualiser (où j'en suis avec mon interlocuteur).

Les conditions de l'écoute compréhensive sont donc :

• La capacité d'un interviewer [1] à relativiser ou à tenir

---

1. Par interviewer, nous entendons celui qui conduit, qui assume l'entretien.

compte de toutes les significations venant de sa propre personne, de façon à pénétrer les significations telles que l'interviewé les éprouve, en référence à son propre système existentiel.

• Une vigilance sur le parasitage que vont constituer les projections, les inductions, les divers retentissements. Celle-ci variera, en fonction du degré de formation personnelle de celui qui assume l'entretien.

Par formation personnelle, nous entendons toutes les démarches qui visent à une meilleure prise de conscience pour la compréhension et l'élucidation de ses propres conduites et en particulier une plus grande vigilance pour mieux gérer les répétitions liées à des dynamiques relationnelles anciennes avec lesquelles nous tentions de résoudre ou d'échapper à des conflits intra-psychiques.

b) *Les différents niveaux d'une écoute possible.*

> **Savez-vous que le matin, quand on écoute les oiseaux, eh bien, on les entend.**

Pour celui qui s'exprime, il y a au moins trois niveaux possibles (et pour celui qui écoute aussi).

1e *Le niveau des faits* :

— Ce qui s'est passé	Les évènements ou les paroles dites.
— Ce qu'il a vu	Il s'agit là de l'évènement de base ou du fait déclencheur d'une situation.

« Il est venu vers moi et m'a dit : « vous êtes un idiot ! » »
« En ouvrant ce tiroir par hasard, j'ai découvert cette lettre. »
« Je lui ai simplement demandé, « comment ça va en classe »,
et il est parti en criant et en claquant la porte, me disant que
de toutes façons je m'en foutais. »

2e *Le niveau du ressenti ou du vécu* :

C'est-à-dire comment j'ai vécu cela, ce que j'ai éprouvé dans la situation, que cela ait été dit ou tu.

> « *J'ai eu un sentiment d'injustice, d'incompréhension.* »
> « *Je me suis senti trahi, bafoué.* »
> « *Je n'ai rien compris, j'ai cru qu'il se trompait de personne.* »

Ceci peut se traduire par des tensions, des malaises, la mobilisation de notre système défensif, de nos références. Ou encore par des symptômes, des langages parallèles (agressivité, blocage, déplacement des problèmes, somatisations).

> « *Je ne pouvais plus rien faire d'autre, je ne pensais qu'à cela.* »
> « *J'ai eu la nausée.* »
> « *J'ai envie de fuir ou de lui taper dessus.* »
>
> « *Il n'avait pas le droit de me faire ça.* »
> « *Je suis parti en claquant la porte.* »
> « *C'est ce jour là que je me suis coupé le doigt avec la tondeuse à gazon.* »

3e *Le retentissement ou la résonance* :

C'est-à-dire ce à quoi cela me renvoie dans mon histoire. Comment cet évènement, ce vécu s'articulent avec d'autres situations plus anciennes et significatives de mon histoire ou de mes apprentissages relationnels.

« *J'ai eu la même sensation quand mon frère aîné a cassé ma poupée préférée.* »
« *J'ai retrouvé la même odeur quand on m'a opéré à quatre ans de l'appendicite.* »
« *Ma maîtresse d'école me dévalorisait souvent et plaisantait à cause de mon accent...* »

Souvent l'échange va se limiter et s'enfermer, soit au niveau 1, soit à l'un des aspects réactionnels du niveau 2.

Quand je suis celui qui explique je risque de ne rien comprendre à ce qui se passe réellement.

Une communication pleine sera celle où l'échange circulera dans chacun de ces trois registres.

Serait-il possible d'entendre — et de favoriser — l'expression des niveaux 1-2-3- et de les prendre en compte dans toute tentative d'échange, aussi banal se présente-t-il ?

Quand, dans une communication, nous avons la possibilité d'entendre ces différents niveaux, la communication est « pleine » dans le sens de féconde. Elle devient porteuse de beaucoup de possibles, la qualité de l'échange s'améliore et donne à chacun le sentiment d'une plus grande liberté.

Au cours de la formation une interrogation se développe aussi sur les deux pôles de la communication qui sont la *relation* (énonciation) et le *message* (contenu ou énoncé).

Comment chacun de ces deux aspects vont-ils se déterminer l'un par rapport à l'autre et inter-réagir ?

Nous sommes souvent aveugles et démunis quant à la compréhension de la nature exacte d'une relation, en particulier sur les perceptions mutuelles. Dans un échange, nous croyons de bonne foi, que l'autre nous perçoit et nous reçoit comme nous nous voyons, c'est rarement le cas.

> « Je lui demande avec légèreté ce qu'il a décidé pour demain. Et il me répond avec beaucoup d'agitation quelque chose de flou que je ne comprends pas. Je découvrirai longtemps après qu'il a pris mon intervention comme une tentative de contrôle et une demande de me rendre-compte. Ainsi je pensais lui manifester de l'intérêt et il s'est senti attaqué. »

Ces différentes interrogations sur l'écoute peuvent aller jusqu'à déclencher un refus, une opposition au cours du stage, ils s'exprimeront à travers une résistance globale à la situation d'entretien, vécue comme trop « formelle ».

> « Est-ce utile d'analyser comme ça, de couper les cheveux en quatre ? »
> « A quoi bon des entretiens ? Parler ne sert à rien, c'est être ensemble qui est important. »
> « Quand on travaille ensemble, quand on vit ensemble, on se voit, on se parle sans arrêt, on discute de tout. »
> « Pourquoi se voir spécialement, pour se dire quoi ? »
> « Quand c'est formel, on n'a rien à se dire. »

Il y a dans notre culture une croyance au spontanéisme relationnel. « Je sens tout de suite avec qui je peux ou non parler. »

Le fait d'entrer en relation semble inné (facile ou difficile) et n'obéir qu'à l'improvisation ou à la disponibilité de l'instant. Il y a une réticence manifeste à « l'apprentissage » des relations car cela touche aux modèles et aux personnages significatifs de notre vie.

Les résistances du groupe illustrent aussi d'une certaine manière ce qui se passe dans beaucoup de relations. On décidera, par exemple, de ne pas aller plus loin par respect pour l'autre. (On ne veut pas être indiscret, lui faire de la peine, « il n'aurait pas compris » [1]). A ce stade les participants veulent scotomiser la dimension socio-affective de l'entretien, et ne veulent retenir que l'aspect utilitaire ou fonctionnel de l'échange :

> « *On est là pour traiter telle question, discuter de tel problème...* »
> « *Il faut être efficace, trouver des réponses et des solutions.* »
> « *Quand quelqu'un vient nous voir, il veut repartir rassuré.* »

L'irruption des affects fait craindre que la démarche de formation ne se transforme en interrogations trop personnelles. La remise en cause d'un équilibre qui reste parfois fragile, inquiète à juste titre [2].

c) *Le contenu latent et le contenu manifeste*

> « J'aime ces pays du non-dit qui vont se jeter sur d'autres rivages ».
>
> B. Lafaille

L'écoute du groupe (et du magnétoscope) va révéler très rapidement.

* — que ce qui est dit n'est pas ce qui est entendu

* — que ce que l'on veut dire n'est pas ce qui est dit

* — que le niveau des mots n'exprime qu'une petite partie du message

* — que le langage ne peut pas tout dire

* — que le message est porteur de plusieurs sens (ou qu'il dit « autre chose ») et surtout que l'écoute de l'un de ces sens, n'élimine pas les autres.

* — que la question posée n'est pas nécessairement la demande.

---

1. C'est le pseudo-respect dont nous avons parlé plus haut qui consiste à penser à la place de l'autre ce qui est bon pour lui.
2. A ce niveau, la limite entre formation et thérapie se situe pour nous dans la manipulation des inconscients. La pseudo-thérapie peut se comprendre comme une manipulation « sauvage », « inconsciente » de l'inconscient et des résistances.

Cela se développera plus tard sur le thème :

« entendre la demande n'est pas nécessairement y répondre ».

En effet, la « réponse » à une question peut occulter la demande réelle et nous faire passer à côté des véritables préoccupations de celui qui nous parle. Il est important pour celui qui s'exprime d'explorer, de tâtonner sur ses interrogations, de cheminer dans son discours, car le risque d'une réponse trop rapide est semblable à « un coup de filet » jeté dans l'océan et qui retient ce pour quoi il a été conçu, mais laisse passer parfois l'essentiel. D'où l'importance que nous attachons à « former l'écoutant » en l'invitant à laisser dire sans nécessairement comprendre dans un premier temps [1], sans vouloir en savoir plus pour lui.

Nous rattacherons à cette question la découverte progressive des différents niveaux de la relation.

En effet, tout au long de la session vont apparaître, progressivement chez certains, plus brutalement pour d'autres, les diverses strates ou dimensions du tissu relationnel.

Nous avons repéré six strates dans la dimension psycho-affective et deux strates dans la dimension socio-politique.

• Dans la dimension psycho-affective

— C'est la *strate « fonctionnelle »* qui est abordée en premier Au-delà de l'aspect social d'une personne, (profession, situation familiale, habitus, intérêts, loisirs...) l'aspect fonctionnel, efficient de la relation, ce pourquoi deux personnes sont en présence sera évoqué très vite.

« Je suis là pour vérifier s'il est bien apte à la fonction pour laquelle il a postulé ».
« Et moi, je suis là pour faire la preuve (et le convaincre) que je suis apte, et peut-être même lui donner le sentiment qu'il commettrait une erreur s'il ne m'engageait pas ».

---

1. Ce qui est difficile et renvoie à renoncer à des images narcissiques de toute puissance (moi je sais pour lui) de l'aidant — être efficace — qui doit apporter quelque chose à l'autre...

— La strate « *affective* » n'est pas loin et apparaît assez rapidement par des échanges plus ou moins symboliques. Elle s'organise autour des deux pôles : amour/haine, attraction/répulsion. Dans le langage courant elle s'exprime en termes de sympathie, d'antipathie.

— La strate affective est intimement liée à la *strate* « *sexuelle* » mettant en évidence (ou masquant) que ce sont deux être sexués qui sont en présence, qu'ils soient de même sexe ou de sexes différents. La façon dont ils se parlent l'un à l'autre va éclairer les protagonistes sur cette dimension qui, pour être souvent cachée, voire refoulée, n'en est pas moins toujours présente dans toute relation.

— La *strate* « *symbolique* » est illustrée par des lapsus, par des images utilisées dans l'échange et qui se rapportent à l'ici et maintenant de la situation. On parlera, par exemple, de « certaines personnes qui écrasent les autres par leur baratin », « de l'atmosphère étouffante de certains entretiens ».

> — **Est-ce bien à toi !**
> — **Oui puisque je l'ai offert.**

— Et la *strate* « *transférentielle* » qui renvoie aux personnages significatifs de l'histoire de chacun, si elle est perçue assez tôt, s'exprimera beaucoup plus tard, par une expression plus directe des sentiments réels.

> « *Tu me fais penser à ma mère, à mon frère ou à mon père, à un professeur que j'ai connu* ».
> « *Quand je t'ai vu, j'ai eu envie de me faire bercer par toi mais c'était ridicule* ».

De nombreuses situations d'entretien se rapportent à la relation avec l'autorité et à toutes les séquelles inscrites dans le passé de chacun et qui vont se réactiver dans différentes situations de la vie sociale.

— La dimension « *archaïque* » ou « *fusionnelle* » n'est pas toujours apparente. Elle peut s'exprimer au cours de phases régressives et montre combien le désir et la peur de la fusion à l'autre restent présents en chacun. A la fois le désir d'être semblable, d'être approuvé, confirmé, et la crainte d'être dévoré, absorbé par l'autre, de ne plus être soi-même, de perdre son identité...

En dehors de la strate fonctionnelle, ces différentes strates ne sont pas « parlées » au sens verbal du terme. Elles sont agies et mises en actes par d'infimes signes, par des sensations, par des images, par des comportements inattendus. Beaucoup vont rester à l'état latent, inachevées, compromises dans une tension, paralysées dans un conflit personnel. Mais de toute façon, présentes, actives, participant à l'échange.

• Dans la dimension socio-politique

Ai-je un pouvoir qui favorise celui de l'autre ?... qui l'annule... le renforce... l'infirme... le confirme...

qui m'en donne plus ou moins. Suis-je une menace pour l'autre, pour moi ?

Dans cette dimension nous allons reconnaître deux strates importantes.

— Celle du « *rapport de force* ». Dans quel champ de force s'exerce la relation ?
Y a-t-il une réciprocité possible des influences ?
Ai-je le sentiment qu'il y a une variabilité suffisante des positions hautes (celles qui influencent) et des positions basses (celles qui reçoivent l'influence) ?
Ma relation s'exerce-t-elle avec suffisamment de liberté pour ne pas menacer l'autre, pour ne pas me menacer ?

Toute relation se vit à l'intérieur d'un rapport de force allant de l'inter-influence (réciprocité) à l'uni-influence (non-réciprocité, forcing, terrorisme...).

Nous savons que les relations de longue durée ont besoin d'alternance dans les rapports de force pour rester saines et vivantes. Une particularité est représentée par les relations hiérarchiques — l'influence peut venir d'une seule direction si elle est contrebalancée par des gratifications (ce que Eric Berne appelle les caresses) ou simplement un salaire, une promotion, c'est-à-dire la reconnaissance d'une valeur. « Ce que je fais, je dis, produis, etc... est reconnu par la place, le poste, le salaire... » Si l'influence reste uni-directionnelle... le prix à payer en sera de l'opposition indi-recte, du sabotage, du freinage et surtout une énorme déperdition de créativité.

> — Celle de « *mon pouvoir* » c'est-à-dire de ma capacité à exercer une influence sur autrui.
> Quelle est l'origine de mon pouvoir ? (institution-nel, personnel, politique, circonstanciel... ?)
> Comment s'exerce-t-il dans la relation, au travers de quelles conduites et attitudes ?
> Mon pouvoir s'exerce-t-il en termes de contraintes, ou en termes « d'autorité » c'est-à-dire d'une façon qui permette à l'autre d'être plus lui-même, d'être « auteur », créatif au mieux de ses possibles, de ses ressources et de sa cohérence.
> Ai-je un pouvoir qui favorise celui de l'autre ?

Nous pensons que vivre une relation pleine est fonction de la capacité à intégrer ces différentes strates et à se situer par rapport à chacune (se situer pouvant signifier être lucide et cohérent).

3. — *Généralisation et personnalisation dans l'entretien*

> Dès que l'on parle de soi, on parle toujours d'un autre. Dès que l'on parle de l'autre, c'est de soi-même que l'on parle.

Nous voulons indiquer ici quelques balises qui peuvent

être facilement repérables et mises en œuvre dans une relation pour en faciliter ainsi le développement.

• Passer de l'impersonnel au personnel.

Dans un premier temps, généraliser, parler en terme de « on », sont parmi les moindres alibis que procure le langage. Certains entretiens vont se dérouler au niveau de l'intellect, des généralités [1]. Le discours sur la relation ou sur la spontanéité remplacera « l'entrée en relation », et interdira l'émergence de la spontanéité. Nous assistons, par exemple, à des conversations « de cafés du commerce » qui évitent de personnaliser l'échange. Des discussions sur les idées, les opinions, les principes remplacent l'échange sur le vécu, sur l'expérience et la pratique personnelles.

La capacité de passer du « on » au « je » sera l'indice d'une plus grande liberté vis à vis de l'autre. La personnalisation de l'entretien passe par une phase d'implication (découverte de son vécu, expression de sentiments). Dans cette implication il ne s'agit pas de se répandre, d'inonder ou d'assaillir l'autre (écoutant) de sa problématique personnelle, de ses soucis ou de ses amertumes. Il s'agit plus simplement d'oser dire « JE », de parler de son propre point de vue, de sa position, de son ressenti ou de ses découvertes. Nous appelons cette forme d'expression, « la langue du témoin ».

* Le Feed-Back

Les difficultés du langage (les mots n'ont pas le même sens pour chacun des protagonistes), les pièges de l'incommunication, vont mettre en évidence la nécessité d'un retour du message. Comme s'il était nécessaire d'introduire des paliers dans l'échange et des « panneaux indicateurs » pour proposer les différentes directions possibles.

Tout se passe comme si celui qui parle demandait :

---

1. Une des croyances culturelles de notre époque est de penser que parler c'est être capable de conceptualiser, d'être à même de « penser » sur son vécu, de développer des idées, de construire un discours. Nous voudrions dénoncer cela en proposant une expressioin qui sache mêler le langage réaliste à l'imaginaire et au symbolique.

« Comment as-tu entendu ce que je viens de dire ? »
« Qu'est-ce que ça te fait ? »
« Me conserves-tu ton estime, ton écoute ? »

Ceci afin peut-être de mieux comprendre lui-même, d'entendre mieux ce qu'il vient d'exprimer, de le sortir de lui pour mieux le « voir ».

Cela va permettre de se comprendre par une succession d'erreurs, d'ajustements. L'émission du message va s'améliorer par un retour possible de l'écoutant.

« Dans ce que tu as dit « Voilà ce que j'ai entendu ».

Quand la relation est trop chargée affectivement, le feed-back s'avère quasi impossible, car chacun investit trop dans ce qu'il dit pour accepter une autre écoute éventuelle, qu'il perçoit comme une blessure, une preuve de non-amour ou une incompréhension de sa personne. En s'identifiant à ce qu'il dit, il exige parfois de l'autre une acceptation inconditionnelle.

« Il n'entend pas ce que je veux lui dire ».
« Il ne me comprend pas, il est comme les autres ».

* Au-delà du prendre et du donner — de l'offert et du reçu.

La relation à l'autre peut se vivre comme une dépossession ou une « possession » (prendre le pouvoir sur l'autre et le capter). Comment créer un état de relation qui invite l'autre à mieux être, à mieux mettre en commun, c'est-à-dire à mieux donner et à mieux recevoir ? Echanger, dialoguer, c'est bien tour à tour donner et recevoir, créer ce mouvement de réciprocité garant d'une mobilité dans la relation. Les attitudes d'invitation, d'écoute, d'ouverture vont soutenir la qualité de l'échange et favoriser la mise en jeu d'une parole fluide, ouverte, libre. Nous le savons mieux maintenant, quand nous demandons à l'écoutant (celui qui assume) d'avoir une attitude qui propose seulement, qui met à la disposition de l'autre un possible, quelque chose qui ne demande pas, qui ne donne pas, qui n'induit pas, qui invite à aller plus loin, quelque chose qui se traduirait par ce message :

> *« Oui, c'est possible, tu peux en dire plus, on verra plus tard ce qu'il sera possible de faire de tout cela ».*

* La mise en commun.

Mettre en commun quoi ?

Entendre et laisser la possibilité d'une parole à l'autre c'est d'abord savoir se taire.

Des plaintes, des redites, des répétitions aveugles, des discours périmés... ou mieux, une parole porteuse de germes, une parole qui fasse grandir, qui introduise le mouvement et le déplacement, une parole qui favorise le changement. Une parole qui permette à chacun des protagonistes d'une communication de « sortir » d'un échange avec quelque chose de plus qu'il n'avait pas avant la rencontre.

Nous allons découvrir que ce sera surtout accepter (ou mal accepter) de mettre en commun nos différences. Car répétons-le, souvent, dans les premiers temps d'une relation nous recherchons la semblance, l'identité de points de vue et parfois la fusion avec autrui.

La peur du désaccord et du conflit, la crainte de constater l'incompatibilité de certains désirs ou positions mèneront au silence ou à une communication indirecte et codée, ou encore à une communication que nous appelons de consommation, dans laquelle ne circule plus que des informations fonctionnelles... et souvent dévitalisées.

La mise en commun oscillera souvent entre
— une dynamique d'opposition, d'affirmation, en cherchant à convaincre
— ou bien une dynamique d'apposition en cherchant à mettre son point de vue à côté de celui de l'autre. Ce ne sera pas la recherche d'accord à tout prix, mais la création d'un temps d'échange, de partage.

* Intentionalité.

Toute communication à base de réciprocité suppose une intention de sortir de soi, d'aller à l'autre, ou plus simplement une intention de se dire ou « dire », et d'être entendu. De dire et de recevoir en retour. Nous assimilons l'intentionalité à la démarche créatrice, qui vise à faire naître quelque chose de nouveau, à sortir de la répétition, du déjà connu pour quelque chose à « naître » [1].

Intentionalité ne veut pas dire anticipation de ce qui va se passer, mais plus directement ouverture, disponibilité. Chez le demandant il faudra se rappeler que toute intentionalité à s'exprimer ou à demander de l'aide sévira dans un champ de force, où, peurs et désirs auront à s'affronter au cours de différentes phases suivant les enjeux cachés ou évidents de ce qui se dira et se dévoilera dans un échange.

* Disponibilité.

C'est la capacité de décentration, d'ouverture, de non-défense. La disponibilité mise en jeu au cours des entretiens est extrêmement variable. Elle dépend de nombreux facteurs : personnalité, lieux, statut, préoccupation, intérêts, peurs... En effet un des freins les plus considérables à l'écoute est la « Peur de la relation ».

---

1. Beaucoup d'entretiens d'aide ressemblent à des accouchements.

* — Les peurs dans la relation...
* — Les peurs de la relation...

* — Peur d'être jugé... et de perdre ainsi l'estime de soi, de l'autre.
* — Peur du conflit (de l'agression, du rejet, de la perte d'amour..).
* — Peur de la dévalorisation, (peur de perdre la sécurité).
* — Peur d'être vulnérable.
* — Peur de montrer ses sentiments réels.
* — Peur d'utiliser son pouvoir.
* — Peur de ne pas être compris, reconnu.
* — Peur de « montrer une image négative de soi ».
* — Peur de s'exprimer en présence d'un homme, d'une femme.
* — Peur par anticipation, de tout ce qui peut arriver.
* — Peur de perdre le contrôle et la maîtrise de la relation.
* — Peur d'être déçu.
* — Peur de décevoir.
* — Peur de blesser.

Ces peurs sont innombrables, jamais découragées, toujours florissantes dans une relation où l'on se sent en position de demandant.

* La concurrence des objectifs et des intérêts.

Nous avons remarqué combien la concurrence des intérêts, des motivations pouvaient nuire à un entretien et parasiter considérablement l'écoute et la compréhension. Par exemple : « être ailleurs » qu'au « lieu » de l'entretien. Un retentissement trop grand (à partir de ce qui est réactivé en nous par la parole de l'autre) freine la disponibilité : « tout comme » avoir du désir trop fort sur l'autre. « Vouloir pour lui ».

Deux personnes en « entretien » n'ont pas nécessairement les mêmes objectifs, ceux-ci peuvent parfois être opposés et entrer en concurrence, c'est-à-dire se contrarier suffisamment pour « s'interdire de se réaliser ». Echange de ping-pong, ou encore débat d'affirmation, d'influence. Qui va faire le choix de se décentrer suffisamment de ses intérêts, de ses préoccupations, de ses attentes pour ne pas entrer en concurrence avec l'autre ? Qui va réellement s'investir de la fonction d'écoute et de stimulation en acceptant de différer sa propre expression, voire sa propre demande [1].

* La sélectivité.

L'écoute d'autrui est parasitée par un certain nombre de filtres. Nous sélectionnerons dans le discours de l'autre ce qui rejoint nos intérêts, nos préoccupations, notre savoir, nos craintes ou nos angoisses.

Nous refusons d'entendre ce qui nous gêne ou nous privilégions certaines « problématiques ». Se former à l'entretien passera par une clarification de nos différents filtres, qu'ils soient culturels ou plus « personnels », c'est-à-dire liés à notre « pathologie » ou au système défensif. Entendre ce sera se donner les moyens de tout recueillir, c'est-à-dire d'être capable de « redonner » à l'autre ce qu'il a dit de façon qu'il puisse d'une part, l'entendre, d'autre part, le relier à d'autres éléments de son expérience.

* Les claviers de l'écoute.

Chacun d'entre nous privilégie une ou plusieurs zones dans son écoute et par là même dans son expression. Ainsi, certains vont être « accordés » davantage sur le logique ou le rationnel, d'autres sur l'émotionnel et l'irrationnel. Ces différences de niveaux (longueur d'ondes) freinent la communication dans de nombreux cas. C'est l'exemple du dialogue entre le financier et le poète.

Ainsi nous avons une infinité de « claviers », mais chacun de nous s'exprime sur des tonalités privilégiées dans lesquelles nous souhaitons être reçus, entendus.

Si ma dominante dans cet échange est affective, émotionnelle, je veux être reçu dans cette tonalité là et si l'autre me répond par des références théoriques ou philosophiques, je ne me sens pas entendu ni compris.

---

1. Toute communication ne peut être qu'alternée, il n'y a pas de communication simultanée. Parler en même temps ce n'est pas écouter et recevoir.

Il y a tant de façons de prendre le pouvoir sur l'autre... et surtout en le lui donnant.

— *Les comportements acquis :*
Habituels, culturels

— *Un changement possible*

Ce que j'ai tendance à faire...

Ce qu'il serait possible de faire

Questionner, ouvrir un échange entrer en matière par une question

Accepter le silence
— regarder — reformulation simple — inviter

Utiliser le ON
développer et rester sur des généralités m'adresser à l'autre en termes de TU
(le tu tue... [1])
Faire un discours sur l'autre (parler sur lui)

Utiliser le JE
concrétiser — personnaliser exprimer mes convictions, mon ressenti.
Parler de moi.
Parler à l'autre de ma perception, de mes croyances...

Centration sur le
« problème »

Centration aussi sur la personne

1. Il s'agit là du TU d'injonction qui entraîne à parler « SUR » l'autre.

rester sur le symptôme —
sur l'énoncé d'une question
sur le langage-écran

focaliser sur ce qui interroge
l'autre —
ne pas croire que je sais
pour lui.

M'interdire, ne pas oser —

penser à la place de l'autre

S'autoriser, inviter,
proposer,
refléter ma propre écoute :
je ne peux dire que ce que
j'ai entendu.

Parler, remplir les silences,
chercher les réponses, la
la solution...
me protéger, me défendre.

Ecouter, tenter de
comprendre

Expliquer — donner des
raisons.

M'ouvrir, m'interroger sur
mes peurs, mes résistances,
mes à priori.

Parler — penser pour
l'autre

Comprendre : chercher un
chemin

Démontrer ou convaincre

Associer, tirer des liens, lui
permettre de se dire
— hypothèse de compréhen-
sion — s'interroger — se
questionner.

S'identifier

Fusionner
Opposition dans le refus de
l'autre, de ce qu'il dit.

Se décentrer — se diffé-
rencier
Rester soi
Apposition.
M'affirmer, donner ma
position.

Tout ce que nous faisons
habituellement, discuter,
contrer, avoir raison sur le
plan du réel, de la logique,
de l'évidence.

Parfois tout l'inverse...

Entendre là où est l'autre et
avancer avec l'autre.

> Communiquer sur l'espace qui nous sépare et
> où justement chacun peut se dire, en entier.

4. — *Fonctions manifestes et fonctions latentes de l'entretien*

Tout échange remplit un certain nombre de fonctions plus ou moins explicites — certaines mêmes resteront implicites pour l'un ou l'autre des protagonistes sans jamais être confirmées.

* Fonction de « *partage* » qui participe de l'ordre du donner et du recevoir, de l'offert ou du refusé, du retenu et de l'attendu... C'est la fonction de convivialité de la communication.

* Fonction « *d'ordre* », de mise en mots, de mise en forme d'un discours intérieur plus ou moins chaotique et qui s'organise, se structure par l'échange.

* Fonction de « *libération* » ; extérioriser les fantasmes et les peurs, décongestionner les tensions, libérer l'énergie bloquée autour d'un ressenti...
Rétablir une circulation autour du blocage engendré par un non-dit en permettant à la personne qui parle de dire ce qu'elle sait et de le comprendre mieux, mais d'oser dire aussi ce qu'elle ne sait pas qu'elle sait.

* Fonction de « *révélation* », de dévoilement, car celui qui parle ne sait pas toujours, n'entend pas nécessairement le sens profond de ce qu'il dit. Fonction extrêmement importante dans la relation d'aide qui est de permettre à celui qui parle d'entendre — enfin — ce qu'il dit.

* Fonction de « *clarification* » d'une demande, de dédramatisation d'un discours menaçant pour celui qui l'énonce, pour celui qui l'entend.

* Fonction de « *recadrage* » en permettant à celui qui parle de recadrer le problème, de le voir d'un autre point de vue.

* Fonction « *sémantique* » qui donne un sens, une direction, un ancrage à un discours, qui resterait irréel s'il n'était exprimé.

* Fonction « *d'amplification* ».

* Fonction « *d'information* », de transmission de savoir.

* Fonction « *thérapeutique* » par l'accès au refoulé, à l'inconscient, à une symbolisation possible des somatisations [1].

> Est-elle possible cette parole, la vraie, celle qui ferait naître, croître et être dans l'espace de la rencontre entre deux êtres ? La parole pleine, celle qui permet d'accéder à son désir, celle qui bouscule, qui réveille et agrandit quand existe une écoute véritable de ce qui se parle.

Nous n'avons fait qu'énoncer quelques-uns des éléments qui apparaissent au cours des entretiens vécus durant une session de formation, mais chacun de ces éléments va interroger, non seulement les protagonistes sur les « chaises », mais va aussi résonner pour chaque participant dans le groupe. Sensibilisation et cheminement personnel caractérisent ainsi la démarche de formation.

Les différentes phases de l'entretien :

— *accueil* (apprivoiser les lieux, les personnes),
— *exploration des attentes et des objectifs*,
— *recueil* de l'expression,

---

1. Il y aurait beaucoup à dire dans le sens où nous considérons les maladies, les accidents, toute atteinte corporelle comme des langages symboliques, comme des langages nécessaires dans un espace et un temps qui se cherchent.

— *clarification*, focalisation,
— *recherche de solution*
— *séparation*
— *suite*

si elles ne font pas l'objet de développement très poussé dans un premier stage, s'affineront au cours du cycle complet. Elles feront l'objet d'un approfondissement avec les « professionnels » de la relation d'aide.

Il nous a paru important d'approfondir aussi l'interrogation sur la structuration interne de l'entretien et de chercher sur qui/sur quoi est centré l'entretien.

5. — *Dynamique de l'entretien*

> Respecter, cela veut dire accepter sans réduire à notre compréhension.
>
> F. Deligny

A la terminologie habituelle de conduite ou de direction de l'entretien, nous préférons celle d'« assumer ».

Qui assume l'entretien ? Qui peut surtout assumer l'échange par une décentration, par une écoute, par une ouverture favorable à l'expression maximale d'autrui ?

Dans l'interaction essentiellement (mais non uniquement) verbale qu'est un entretien, il y a deux personnes. Ces deux personnes ont un statut, une place dans la société, un passé ou un état dynamique, émotionnel particulier, circonstanciel, qui les différencient l'une de l'autre, et vont constituer un champ de forces. Ces forces peuvent être antagonistes, complémentaires ou parallèles.

Un autre élément va encore différencier davantage les protagonistes : la motivation de la rencontre.

Pourquoi sont-ils là, l'un en face de l'autre ?

Qui attend l'autre ?

Sur qui l'entretien va-t-il se centrer ?

Qui va dynamiser, conduire ou égarer l'entretien ?

Qui sera capable de se décentrer de ses options, de sa

perspective première pour se centrer sur l'autre ?

Qui est là pour convaincre, faire passer ses idées, pour imposer ?

Ainsi, dans le champ de forces créées par la seule mise en présence de deux individus, va se développer une polarisation relationnelle.

Nous avons repéré huit orientations à cette polarisation :
* — Stimuler, amplifier
* — Informer
* — Imposer
* — Ecouter, recevoir et comprendre
* — Manipuler
* — Débattre (plaisir de parler, à caractère narcissique)
* — Absorber, phagocyter l'autre (relation de type parasitaire)
* — S'opposer, contrer ou détruire.

Pour chacune de ces polarisations se créera en réponse une dynamique particulière à l'échange, fortement liée à la dynamique personnelle de chacun. Ainsi devant une stimulation certains s'ouvrent, d'autres s'effraient, d'autres encore résistent. Devant une écoute, une décentration, certains vont vous « déloger » de la position d'écoutant, et vous transformer en « demandeur ». Devant des informations, d'autres vont développer un esprit critique ou disqualifier, minimiser l'apport.

Face à un apport ou à la disponibilité de l'aidant il peut y avoir une dynamique de mise en échec par l'aidé.

Nous découvrons souvent avec beaucoup de déception et de malaise combien peu de personnes savent recevoir — c'est-à-dire en fait — acceptent de se laisser interpeller.

Au cours des stages, nous allons privilégier une orientation pratique et idéologique :

Celle de la compréhension d'autrui et de soi-même.

Ce qui était question va devenir une quasi-affirmation : « L'effort de la relation m'incombe personnellement »[1].

---

1. A la fois comme « récepteur » (suis-je en condition d'entendre l'autre là où il est et d'où il me parle ?) et comme « émetteur » (suis-je capable de lui renvoyer ma propre écoute, c'est-à-dire la façon dont j'ai compris, j'ai reçu ses messages ?).

Ce n'est plus l'autre qui est difficile, c'est l'approche d'autrui. Cela nous rappelle une phrase de F. Deligny : « Qu'est-ce qui me manque pour entendre l'autre ? »

En effet, après les premiers entretiens d'approche, d'apprivoisement, vont se succéder des rencontres plus structurées autour d'un thème, d'un problème ou d'une interrogation, autant de supports qui engagent davantage, souvent sous-tendus par une problématique actuelle chez le demandeur.

Avec la liberté de dire, se développe celle de se dire, de se chercher, de s'avancer aux bords extrêmes des préoccupations qui habitent une vie.

La nécessité d'assumer (conduire) l'entretien va apparaître pour l'un ou l'autre des protagonistes face à l'intensité et à l'actualisation des demandes qui se font jour progressivement dans le groupe de formation. Nous verrons se développer des échanges d'une grande qualité avec une intensité relationnelle qui permettra même aux participants non-impliqués directement de se découvrir.

Ainsi, aux premiers tâtonnements « aveugles » avec recherche de réciprocité succéderont les premières tentatives pour prendre en charge l'entretien face à un demandeur impliqué, ceci avec le souci de « structurer l'échange » (un début, un déroulement, une fin) et de situer l'entretien dans le temps (ce qui s'est passé avant, ce qui peut se passer après). Souvent l'essentiel d'un entretien se joue après la rencontre, par la résonance et le retentissement provoqués.

Parallèlement, les participants sont invités à s'interroger sur les attitudes habituellement mises en jeu dans une relation.

> **Toute relation se vit dans la réalité présente mais elle s'inscrit dans une réalité polymorphe passée, actuelle et future.**

Nous avons tous appris à communiquer à partir de la parole d'un autre sur nous.

Dans toute communication, les paroles prononcées expriment souvent une attitude [1] qui va favoriser la relation ou qui lui sera néfaste. Ces attitudes ont été analysées par E.H. Porter [2], qui a tenté d'explorer et de comprendre leur influence sur la communication.

Ces attitudes habituellement connues sous le nom de *catégories de Porter*, sont au nombre de sept. S'il est important de les connaître, il est surtout utile de repérer celles qui dominent, c'est-à-dire, celles que nous mettons le plus spontanément en jeu dans nos relations avec autrui.

> **Nous escaladons une montagne pour la voir et quand nous sommes au sommet, nous ne la voyons plus.**

a) *Attitudes habituelles ou élémentaires*

Dans un entretien entre deux personnes, les paroles prononcées expriment une attitude qui favorise la relation ou

---

1. Attitudes : prédispositions permanentes à agir d'une certaine manière vis-à-vis d'autrui, à l'intérieur d'un groupe restreint ou d'une situation donnée.
2. E.H. Porter, Psychologue américain, disciple de C. Rogers.

qui lui est néfaste. Ces attitudes, analysées pour une bonne compréhension de leur influence, sont au nombre de sept. Il est important de les connaître. Il est surtout utile de découvrir quelle est sa propre dominante parmi ces sept attitudes.

Se connaître est en effet un élément indispensable à celui qui veut mener de « bons » entretiens. Savoir que tel type de réflexion ne favorise pas l'expression de son interlocuteur est insuffisant si ce savoir n'est qu'une connaissance intellectuelle. Découvrir pour soi quelle est son attitude spontanée et habituelle est un objectif essentiel de toute formation personnelle.

Voici les attitudes élémentaires décrites par PORTER [1].

— L'ordre
— L'enquête
— Le conseil
— L'évaluation
— L'interprétation
— Le support ou soutien
— La compréhension

On pourrait en ajouter une huitième :

— L'attitude d'information

Les attitudes peuvent se regrouper en deux grandes catégories :

1 — Attitudes d'influence :
— l'ordre
— l'interprétation
— le conseil
— l'évaluation
— le support

2 — Attitudes de non-influence :
— l'enquête
— l'information
— la compréhension

---

1. E. H. Porter, Psychologue américain, disciple de C. Rogers, auteur d'un livre « Introduction au conseil thérapeutique » Boston, 1950.

Impact des attitudes habituelles et conséquences dans une relation d'aide

1. Dans l'attitude d'autorité ou d'émission d'ORDRES, je me substitue à mon interlocuteur pour lui *indiquer* ce qu'il doit faire. Je tente de l'influencer directement dans une direction que je pense bonne pour lui. Beaucoup de « demandant » vont me « pousser » par besoin de réassurance à développer de telles attitudes.

2. Dans l'attitude de CONSEIL, je me substitue à mon interlocuteur pour lui *suggérer* ce qu'il doit faire. Je souhaite qu'il choisisse ce que moi-même je choisirais et je lui fais connaître ma position. Je peux créer ainsi une relation de soutien qui risque d'augmenter la dépendance ou l'opposition à mon égard.

3. Dans l'attitude d'EVALUATION, je porte un *jugement de valeur* :

> * Soit sur le faire ou les opinions de mon interlocuteur en lui donnant une valeur : c'est bien, c'est moins bien. (C'est une évaluation sur le plan logique). Les comparaisons sont souvent vécues comme des jugements de valeur déguisés.

> * Soit sur l'opinion ou les intentions de mon interlocuteur en lui disant si ce qu'il pense est bien ou mal (c'est une évaluation sur le plan moral).
> L'évaluation sur le plan logique prépare souvent des relations de subordination. Quand je porte un jugement ciritique à l'égard d'autrui, je dois savoir que je déclenche en lui des sentiments ambivalents où vont se mêler le conformisme, le refus inconscient ou la non-confiance.

4. Dans l'attitude de SUPPORT (ou de SOUTIEN), je *rassure* mon interlocuteur. Je réduis les effets négatifs ou l'intensité du sentiment que je reconnais en lui. Je lui reflète ce qu'il me semble ressentir. Je lui apporte un encouragement. Je le confirme dans ses ressources, ses réussites ou ses possibles. Mais d'une manière ou d'une autre cette attitude de ma part implique que ce qu'il ressent n'est pas totalement justifié, soit que le problème n'existe pas, soit qu'il n'est pas

aussi sérieux que mon interlocuteur se le représente. Dans cette attitude interviendra le décadrage, c'est-à-dire, une façon de repositionner les éléments d'une situation ou d'un événement permettant de faire émerger un autre sens que celui mis en évidence dans une première expression.

5. Dans l'attitude d'INTERPRÉTATION, en traduisant et en expliquant les idées émises par mon interlocuteur ou en analysant son comportement, je lui fais remarquer quelles sont, à mon avis, les raisons profondes de ce qu'il vient d'exprimer. Je me mets à sa place, j'exprime ce qui me paraît, à moi, essentiel, et je cherche, dans mon monde personnel, dans mes grilles de référence habituelles une *explication* à son problème à lui. Il est évident que je risque de commettre des erreurs, bien que j'essaie d'apporter une réponse pour l'instruire ou pour lui faire prendre conscience de quelque chose.

Nous préférons, quant à nous, l'attitude qui consiste à proposer des hypothèses de compréhension.

« Dans ce que tu as dit, dans ce que j'ai entendu, voilà ce que j'ai compris... »

Je propose simplement à l'autre ma compréhension ; il en fait ce qu'il en veut.

6. Dans l'attitude d'ENQUÊTE, je cherche simplement des compléments d'information. Je veux *en savoir davantage*. Il se peut que cette attitude soit un préliminaire à l'attitude de compréhension. Je fais ce que je pense devoir faire pour approfondir la discussion. En permettant à l'autre d'en dire plus, je peux favoriser une plus *grande mise en relation* d'élémlents, de faits ou de comportements afin de les *relier* ensemble.

7. Dans l'attitude de COMPRÉHENSION, je m'efforce de *percevoir* et même de *ressentir comme* mon interlocuteur. Je le lui manifeste en réexprimant, de la façon la plus authentique et claire, la totalité de ce qu'il vient d'exprimer, de sorte qu'il en prenne plus nettement conscience et qu'il puisse progresser par lui-même. Je fais ce que je peux pour m'introduire sincèrement dans son problème. Je vérifie que j'ai bien compris ce qui a été dit.

Il est probable que cette attitude relance l'interlocuteur et l'entraîne à s'exprimer davantage, puisqu'il a la preuve que je l'écoute sincèrement. Il est évident qu'il ne doit pas y avoir, pour cela, de désaccord entre la mimique de mon visage et ce que je dis.

Depuis le début de ce châpitre, nous avons, en effet, insisté sur la nécessité, devant laquelle se trouve chacun d'entre nous, d'accepter qu'il se passe quelque chose entre les deux interlocuteurs, non seulement au niveau verbal, mais aussi, et principalement, au niveau émotionnel, ce qui peut se traduire par différentes manifestations extérieures [1].

> « Je m'entends bien avec lui » veut dire « je m'entends bien avec moi » car il m'écoute « je peux enfin entendre ce que je dis ».

L'attitude prônée par PORTER et ROGERS pour la psycho-thérapie et la formation, ainsi que pour toute relation qui veut garantir le libre développement de la personne, est la *compréhension empathique*.

« C'est l'appel le plus efficace que nous connaissons, nous dit Rogers, pour modifier la structure de base de la personnalité d'un individu et améliorer ses relations et ses communications avec les autres ».

> Nous ne pouvons changer ni le monde, ni l'autre notre semblable... mais nous pouvons changer notre regard sur lui, et par là-même notre relation. Et cela, c'est fabuleux de possibles.

---

1. On trouvera dans le livre de Louis Schorderet « La technique de l'entretien ». Editions Chotard, plusieurs développements concernant les attitudes habituelles.

b) *Quelques modèles représentatifs de la dynamique de l'échange en entretien*

Nous voyons ainsi que parler, échanger n'est pas nécessairement communiquer [1].

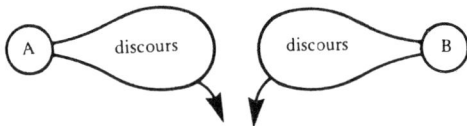

1. A et B parlent sans s'écouter. Les mots tombent entre eux et élargissent la distance qui les sépare. « Ça parle sans s'entendre, sans se recevoir ». C'est la rencontre de deux monologues.

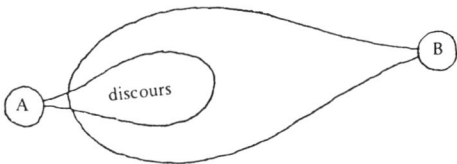

2. A veut parler. B s'empare du discours de A pour nourrir le sien (phagocytage) Quoi que dise A, cela sera récupéré par B qui nourrit ainsi son propre discours. A vivra des frustrations et peut-être de l'agressivité ou démissionnera devant B.

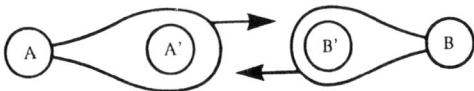

3. A et B s'affrontent dans un discours-bouclier (A' et B'). Echange de type « débat électoral ». Chacun s'emparant de l'expression de l'autre (A' et B') et l'utilisera pour contrer, disqualifier l'autre.

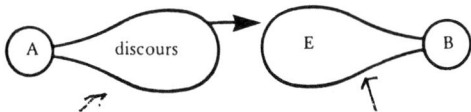

4. A s'exprime. B soutient et favorise au maximum l'expression de A. Il « recueille » dans un premier temps pour clarifier dans un second ce qu'il a entendu. Dans un troisième temps, il pourra, si la situation s'y prête, faire rechercher les solutions perçues par A (au

type d'échange peut actériser une communication possible.

Stimulation à l'expression de A

---

1. C'est un apprentissage éprouvant que de découvrir.

problème posé par exemple) et inviter A à faire un choix parmi les situations retenues. Echange de type écoute-compréhension, clarification.

Nous proposons un schéma en trois points pour baliser ce que devrait faire tout écoutant potentiel dans une relation où nous sentons que le demandant (A par exemple) s'est clairement positionné comme attendant « quelque chose » (même s'il ne sait pas quoi) de l'échange.

A demandant s'exprime par un

B écoutant qui peut assumer l'échange.

A discours

a) *Favoriser* au maximum l'expression de A (peux-tu en dire un peu plus).

b) *Recueillir*. « Dans ce que tu as dit voilà ce que j'ai entendu ». Simplement renvoyer, redonner à l'autre ce qu'il vient d'exprimer.

c) *Compréhension ou clarification*. « Dans ce que j'ai entendu voilà ce que j'ai compris ». Je donne à l'autre au-delà de mon écoute ma compréhension. Il en fera ce qu'il en veut.

A discours discours B

Mise en commun

5. A et B échangent, c'est-à-dire « posent » leur point de vue, l'un à côté de l'autre. La partie hachurée constitue la mise en commun. Entretien à base de réciprocité, apport mutuel. Chacun repartira de l'échange avec quelque chose de plus qu'il n'avait à l'arrivée.

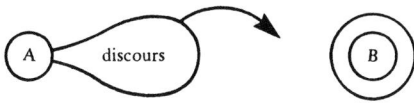

6. A « menace » B par son discours et l'entraîne à fuir, à se justifier ou encore à contre-attaquer.

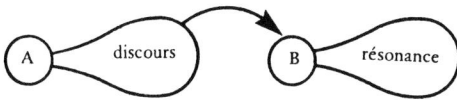

7. B ne peut entendre A. Il n'entend que sa propre réso-nance (émotion, associa-tion...). Quelque chose dans le discours de A l'a touché, a réactivé en lui une blessure ou une situation inachevée et il ne peut plus se décentrer.

8. Une autre dynamique fréquente est celle du TIERS DEVIANT.

Dans de nombreux échanges portant sur une demande d'aide la question sera :

Où se fait la centration de l'entretien ?

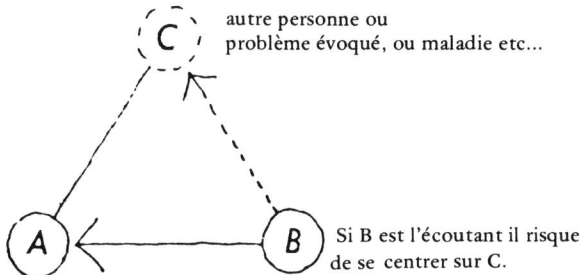

C autre personne ou problème évoqué, ou maladie etc...

A ← B Si B est l'écoutant il risque de se centrer sur C.

La tentation de B (souvent sur l'invitation de A d'ail-leurs) sera de se centrer sur C, de développer un discours, des conseils et des réponses autour de C. Il conviendra de se rappeler que c'est A qui est en face de B, que c'est A qui vit la situation, que c'est lui qui a besoin d'être entendu. Quelqu'un pourra vous parler ainsi des heures de sa belle-mère, d'un collègue, d'un conjoint « qui ne va pas bien » « avec qui ça ne va pas du tout ». Parler ainsi de l'autre ou sur l'autre ne fera pas progresser la situation si on oublie que c'est une personne réelle qui est devant vous et que c'est elle qui vit ce dont elle parle.

Autrement dit, le problème introduit comme un tiers peut jouer le rôle de déviant — polariser les énergies, l'attention de B et lui faire oublier la personne qui est présente là, ici et maintenant. S'intéresser à la personne qui vit le problème plus qu'au problème lui-même.

> **Le décalage plus ou moins important entre le dit et l'écoute va constituer le contenu de base de la communication, c'est-à-dire de ce qui est mis en commun... après viendra tout le reste.**

Dans la pratique nous voyons que l'écoute de B peut s'exercer dans trois directions.

1. *Centration sur la situation*
De quoi parle-t-il ?
Que me dit-il ?
Qu'est-ce que je comprends de ce dont il parle ?

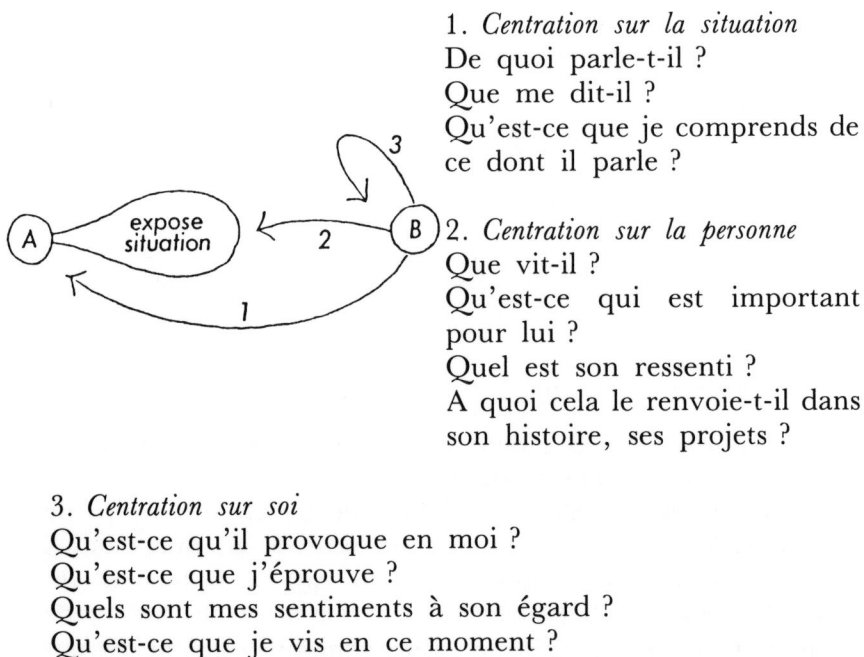

2. *Centration sur la personne*
Que vit-il ?
Qu'est-ce qui est important pour lui ?
Quel est son ressenti ?
A quoi cela le renvoie-t-il dans son histoire, ses projets ?

3. *Centration sur soi*
Qu'est-ce qu'il provoque en moi ?
Qu'est-ce que j'éprouve ?
Quels sont mes sentiments à son égard ?
Qu'est-ce que je vis en ce moment ?

Nous voyons au travers de ces quelques schémas que les

dynamiques d'échange les plus « communicatives » sont celles décrites en 4 et 5.

A notre avis c'est Th. Gordon [1] qui a su illustrer au plus près dans les relations parents-enfants et dans la vie quotidienne familiale les moyens et les stratégies d'affirmation pour permettre aux relations d'être plus vivantes et porteuses de croissance mutuelle.

> **Ne pas chercher à faire expliquer sa demande à l'autre mais lui permettre de l'entendre.**

---

1. Th. Gordon. La méthode Gordon expérimentée et vécue. Ed. Belfond.

> Il vaut mieux avoir compris qu'avoir appris.

c) *Les conditions de l'entretien*

— *Conditions matérielles*

Au cours de la formation seront également abordés le rôle et la place des conditions matérielles dans lesquelles se déroule un entretien et auxquelles nous avons lié les conditions « circonstancielles », tant du point de vue des personnes que des situations spécifiques.

* Le lieu :

Le lieu le plus favorable est celui qui permet le mieux le dialogue et l'écoute. Il conviendra de porter attention au local, à la position des chaises, des fauteuils. La présence d'un bureau qui sépare, peut être un obstacle à certaines rencontres, ou renforcer la « polarisation » de dépendance ou de défense.

Le lieu doit être calme et jouir d'une certaine intimité (ne pas être entendu par des tiers, ni dérangé).

La disposition matérielle des lieux, un certain agencement favorsie la coopération ou au contraire la rend plus difficile.

Un aspect essentiel est dans la disposition même des sièges qui doivent permettre de se regarder, de se voir. Dans tout entretien s'introduit la dynamique du regard qui va soutenir la communication et permet de recueillir les autres langages (signaux gestuels, mimiques, postures...).

On ne rencontre bien quelqu'un que si on a la possibilité de le regarder et d'être vu, le climat de l'entretien s'en trouve de cette manière plus ouvert, plus libre peut-être.

Pour notre pratique nous souhaitons que le lieu soit un espace « habité », personnalisé, recélant des objets divers et hétéroclites. Nous verrons plus loin combien ces objets peuvent être utilisés dans certains entretiens pour des représentations, pour des visualisations.

* Le temps et la durée :

Le moment de la journée où se déroule l'entretien est important. Celui qui assume l'entretien doit se rendre entièrement disponible et préciser au début de la rencontre le temps dont il dispose.

Les entretiens les plus longs ne sont pas forcément les plus réussis. Disponibilité et saturation ne doivent pas se confondre.

* La présentation :

La vêture, l'aspect physique, la prestance, la stature ne sont pas des éléments neutres. La première perception que l'autre a de nous aura des conséquences pour tout le déroulement de l'entretien. A chacun d'évaluer concrétement l'influence déterminante ou non de sa manière de se présenter à autrui. Une communication non-verbale se transmet dans la manière de se présenter, de venir vers l'autre, de l'accueillir ou de l'inviter.

* Le sexe :

Au-delà des fonctions, des titres ou du statut occupé, que nous soyons un homme ou une femme n'est pas négligeable et constitue un élément relationnel essentiel, réactivé dans l'imaginaire de chacun. Se définir comme un homme ou une femme sera parfois très structurant dans la rencontre.

* L'âge :

Faire une distinction entre l'âge réel et l'âge que nous paraissons avoir ou qui nous sera attribué.

* Le statut professionnel :

Que sommes-nous socialement pour l'autre ? Cette donnée représente autre chose qu'un simple titre, une étiquette, mais rejoint tout l'imaginaire et les projections engendrées par une profession ou un titre.
Notre statut professionnel peut évoquer pour notre interlocuteur, des opinions positives ou négatives, des préjugés,

des à priori, qui, avant même que ne commence l'entretien, provoqueront différentes réactions de sa part.

* Les images et les perceptions antérieures

Toutes les images et les perceptions antérieures à la rencontre vont colorer fortement les premiers échanges. Elles vont varier suivant notre image de marque, notre personnalité sociale et les bruits ou rumeurs attachés à notre nom, à notre pratique.

— *Conditions psychologiques*

* La position relationnelle.

Nous entendons par là la place intériorisée que chacun s'attribue dans la rencontre vis-à-vis de l'autre. *Position basse* : de demande, d'attente, d'inquiétude. C'est une position d'ouverture à l'influence de l'autre. — *Position haute* : d'accord, de refus, d'imposition. C'est la position d'influence.

En ayant conscience de ces obstacles et en les surmontant, il est possible d'aider l'autre à les dépasser également.

En évoquant l'importance de la présentation personnelle, nous demandons à chaque personne assumant un entretien *de se définir* le plus clairement possible, lors de la première rencontre. De préciser toutes les coordonnées qui paraissent importantes, si elles ne sont pas connues de leur interlocuteur.

Ces indications permettront d'éviter plusieurs difficultés :
— Celles de l'apprentissage de l'interlocuteur se demandant qui est la personne qui le reçoit.
— Celle du malaise ressenti en début d'entretien.
— Celle des distorsions possibles entre les anticipations projectives et la rencontre in situ.
Ces quelques minutes d'introduction permettront de se détendre, de se familiariser avec les lieux, de « s'apprivoiser ».

Puis-je arrêter le flot de ma propre pensée pour tenter de rejoindre l'autre là où il est, là où il me parle.

* Le langage.

La communication est un processus par lequel des significations sont transmises entre deux personnes avec une intention. Tout message est, à ce titre, un code qu'il faut déchiffrer. Le langage est l'un de ces codes.

Le langage est éminemment subjectif et nous faisons une erreur si nous pensons que notre interlocuteur a compris ce que nous voulions dire parce que nous utilisons des mots qu'il est censé connaître.

Par ailleurs, nous avons tendance à être plus attentif à ce que nous tentons de communiquer, qu'à ce que l'autre nous communique. L'échange risque, de ce fait, de perdre son caractère de mise en commun, de perdre l'élément du dialogue, d'être à sens unique. Nous l'avions déjà souligné plus haut, dans tout entretien il y a ce que je pense, ce que je veux dire, ce que je dis effectivement avec mes moyens d'expression et ce que l'autre entend et comprend. De plus comme tout discours contient plusieurs messages, l'écoutant risque de privilégier celui qui le touche (le séduit ou le menace le plus) et se faisant risque d'annuler les autres messages présents.

* Les autres langages.

Nous savons combien les mots, les paroles sont insuffisants pour traduire le jaillissement d'une pensée, le bouillonnement d'une contradiction, les émois et les sentiments d'une relation proche. Nous avons besoin d'autres langages qui sont à notre disposition. Ils sont parfois très archaïques [1] c'est pour cela même que nous ne les utilisons pas suffisamment.

Dans notre pratique, nous allons considérer comme langages, c'est-à-dire comme signaux susceptibles d'émettre un message, d'être décodés, outre la gestuelle (mains et pieds), les mimiques, les regards, les attitudes du corps (détendu ou contracté), la respiration, le rythme cardiaque, le métabolisme, (c'est-à-dire, l'ensemble des échanges internes), les différences de coloration de la peau, les somatisations élémentaires (douleurs, fatigue, oppressions, tétanie...).

Etre à l'écoute sera donc aussi tenter d'entendre ces nombreux signaux qui « parlent » et qui crient parfois, dans un échange banal au niveau des mots. En laissant parler et en écoutant les multiples langages du corps et de l'imaginaire nous sommes parfois confrontés à des peurs et à des réticences « jusqu'où aller ? » « où cela va-t-il m'entraîner ? ».
Mais en tentant de les réintroduire dans la communication, nous ouvrons des possibilités plus riches, plus pleines, tant au niveau de l'écoute et du décodage, qu'au niveau de l'expression, de l'échange et du partage.

* L'objectif ou les objectifs d'un entretien.

S'il apparaît comme allant de soi d'avoir une vue claire de l'objectif que l'on poursuit en assumant un entretien, la pratique nous montre combien cela est moins évident. Nous serons amenés à distinguer l'objectif manifeste de l'objectif latent ou réel.

---

1. Il est frappant de voir combien notre culturel rationaliste a privilégié le verbe et la pensée dans la communication, en rejetant les premiers langages utilisés par le bébé aux premiers jours de sa vie : respiration, odeurs, musique de mots, chaleur, rythme...

Dans certains entretiens l'objectif dominant ou réel [1] peut apparaître à la conscience durant le déroulement de l'entretien lui-même, ou parfois bien après qu'il soit terminé. L'objectif de départ peut se modifier au cours de l'échange, se transformer...

Nous distinguerons donc les objectifs formels, ceux qui sont énoncés au départ comme amorce à l'échange, des objectifs informels qui se révéleront au cours de l'échange et qui obéissent aux forces mêmes et à la dynamique de la relation.

En illustrant un peu plus loin par quelques types d'entretien, nous répondrons partiellement à cette question.

* Les niveaux possibles de l'échange et de l'écoute.

Nous l'avions signalé précédemment, celui qui parle peut s'exprimer dans au moins trois niveaux ou par trois chemins différents.

... *Le niveau que nous appelons « réaliste »* dans le sens où il découle d'une réalité [2] observable liée au déroulement d'un événement, d'une histoire — ce sera au niveau des faits, de l'anecdocte.

C'est-à-dire une expression sur ce qui s'est passé pour un individu donné. Ce qu'il a vu, entendu... Ce qu'il a ressenti...

... *Le niveau de l'imaginaire* : ce qui est anticipé, évoqué, construit, inventé. Toute la production fantasmatique qui va se développer à partir d'un fait, d'une émotion, d'un ressenti [3].

---

1. Nous entendons par réel ce qui correspond à la motivation profonde et non au motif avancé.
2. Nous appelons réalité tout ce qui sera directement observable, ce sur quoi une prise, une action est possible même si elle n'est pas mise en œuvre immédiatement.
3. Nous distinguerons par exemple les émotions (peurs, joie, tristesse) des pensées émotionnelles qui sont des « constructions » après-coup, des élaborations plus ou moins défensives à partir d'un élément déclencheur. En permettant à chacun de retrouver son émotion, le sentiment ou le besoin d'origine pour le dégager, le différencier d'un magma de pensées parasitaires, de comportements réactionnels qui constituent une véritable pollution relationnelle.

... *Le niveau du symbolique*, ce à quoi nous renvoie une situation, un vécu, une relation dans l'ordre symbolique pour l'intéressé.

Le symbolique s'inscrit dans une chaine de signifiants personnelle et fait référence à un système de valeur propre.

Entretien ici et maintenant

A travers ce langage là comment entendre ce dont il s'agit réellement ?

Quand quelqu'un nous parle, nous avons tendance à nous laisser entraîner dans la situation qu'il évoque (avant et ailleurs) en imaginant le réel à partir des mots qui ne font que le décrire de façon sélective et partielle. Nous « entrons » trop vite dans ce dont l'autre nous parle et parfois même nous le ritualisons ou l'enfermons dans nos propres schèmas et modèles.

Nous appelons cette scène « où ça se passe » *scène de représentation*. Mais il y a aussi, bien présente, manifeste, la *scène actuelle*, celle où quelqu'un parle de quelque chose ou d'un autre, à un autre qui est là, devant lui.

La scène de représentation ou la scène actuelle peut le renvoyer à une autre scène plus ancienne réelle ou fantasmée que nous appellerons *scène originelle inscrite* ou déposée.

Celui qui assume l'entretien d'aide devrait essayer d'entendre à ce triple niveau :

— de qui s'agit-il ?
— de quoi s'agit-il ?
— d'où cela parle-t-il ?

* LA SUITE (post entretien)

Et après l'entretien que se passe-t-il ?
Comment se termine un échange ?
Qu'en reste-t-il ?
Que faisons-nous des matériaux recueillis ?

Il n'est pas impossible de dire qu'un entretien commence parfois au moment où les deux personnes se lèvent et vont se quitter. — « On ne parle jamais en vain » —. Le « travail de l'échange » va se faire souvent longtemps après l'entretien proprement dit. Les mots vont faire leur chemin et se rejoindre par associations, les décisions vont se révéler ou se dissoudre, des liens, des prises de conscience vont émerger dans les moments les plus inattendus... si l'entretien a été significatif.

Dans une relation d'aide suivie, ce qui se passe entre deux entretiens est aussi important que ce qui se passe durant leur déroulement.

Ceci est valable pour le stage de formation qui ne constitue qu'une amorce dans les interrogations proposées à chacun.

> « A quoi servent les mots
> Face à celui qui vit :
> Ils brisent ou bien apaisent.
> Incendient ou délivrent.
> Ils modèlent nos visages.
> Saccagent ou donnent ferment.
>
> Andrée Chedid

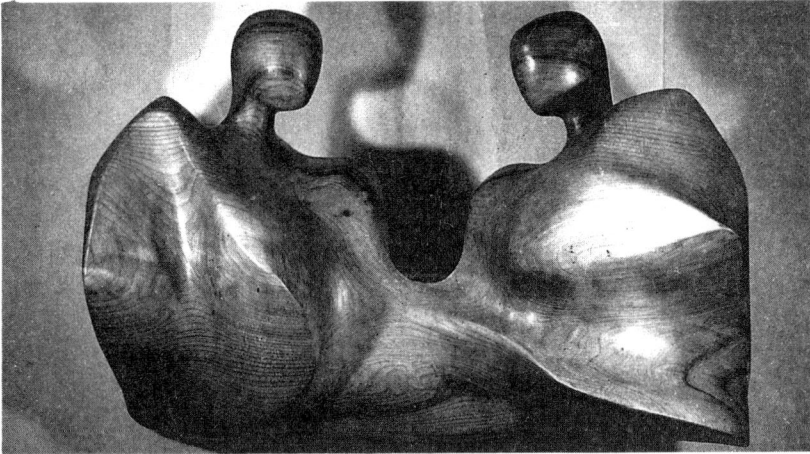

« Pour que cette compréhension, cette rencontre se fassent, il faut sortir du temps. Sortir de « notre » temps. Du reste, nous ne sommes jamais « là », nous sommes toujours ailleurs. Dans le passé, nos souvenirs. Dans le futur, nos projets. Nous sommes toujours avant et après. Et « maintenant » jamais. Pour cette rencontre, il faut sortir de notre temps qui court furieusement. Comment sortir du temps, ce flot furieux ? Très simplement. Il faut « ETRE LA ». Etre là comme s'il n'y avait plus de futur — plus d'après. Il faut « ETRE LA » comme à la fin des temps. Et c'« est » la fin des temps. Puisque c'en est le commencement. Une fois encore, tout est très simple. Et apparemment impossible.

Comment concilier l'inconciable. Par une attention passionnée »

Frédéric Leboyer

Avant toute parole c'est l'impression globale de l'autre
qui sera la première communication.

> Trop parler... pour ne pas s'entendre
> ou
> trop s'écouter... pour ne pas se dire.

IV. DIFFÉRENTS TYPES D'ENTRETIEN

Au cours de la formation vont s'expérimenter et se vivre différents types d'entretien dont nous allons décrire quelques caractéristiques :

1. *L'entretien d'accueil*

Que se passe-t-il entre deux personnes qui se rencontrent pour la première fois ?
Comment s'apprivoisent-elles ?
Où s'affrontent-elles ?

Nous avons décrit quelques phases de ce genre d'entretien plus haut. Reconnaissance et découverte mutuelle, prise de contact (accueil, perception, ajustement) ou blocage, défense, évitement... Ce qui nous paraît important dans les premières rencontres, c'est la capacité de se définir en donnant des repères suffisamment clairs pour baliser l'échange, les attitudes d'invitation, de stimulation domineront la capacité à recueillir (pouvoir redonner à l'autre ce qu'il a dit sera apprécié par le « demandeur » qui a ainsi le sentiment que ce qu'il a exprimé n'est pas perdu, n'est pas tombé dans le vide).

Au-delà de la rencontre peut donc se développer une relation dans la durée. Toute communication se fait à partir de territoires différents, même si la relation est proche. Je serai donc amené à me définir (le plus rapidement possible est souhaitable).

Dans mes besoins par exemple :
    « J'ai besoin de paroles et de silence
    besoin de solitude et besoin de convivialité
    besoin d'autonomie et besoin de dépendance ».

Dans mes ressources et mes limites :
    « Voici ce que je peux donner
    ce que je peux recevoir
    ce qui n'est pas bon pour moi ».

Ce sera toute la difficulté de trouver la bonne distance.

2. L'entretien « manipulatif »

Ils sont plus fréquents dans la vie courante qu'on ne l'imagine. Ils cachent une directivité puissante. Ils visent à obtenir de l'autre un certain résultat. Comme par exemple arriver à lui faire dire..., à lui faire prendre conscience de..., à ce qu'il change sa conduite, sa façon d'être.

Ce sont des entretiens d'influence, à polarisation de dominance, quels que soient les alibis moraux ou professionnels, avancés. Nous retrouvons cette tendance chez quelques participants aux sessions. Les manipulations les plus corrosives sont inconscientes, elles se font avec un automatisme fantastique qui déjoue très subtilement toutes les tentatives pour les éviter ou les déjouer.

En situation de formation, nous allons œuvrer surtout sur les manipulations conscientes et intentionnelles.

En effet, pour certains, se former à l'entretien, c'est avant tout réunir le maximum d'atouts pour atteindre un objectif personnel, convaincre, être efficace. Convaincre signifiera, par exemple, arriver « en entretien » avec un certain nombre d'idées sur l'autre ou sur une question, avec des attentes, ou un but à atteindre... et les faire « passer ».

Convaincre pour « amener » l'autre à l'idée, au résultat que nous avons en tête. Lui faire accepter nos propositions, nos conseils, nos orientations, notre point de vue, une certaine façon de faire...

Ce genre d'entretien dans une relation suivie est voué, à plus ou moins long terme, à un échec. Il développe en effet la dépendance de l'autre et contribue à entretenir son ambivalence. La manipulation est parfois très subtile, il est difficile de s'en défendre et d'être lucide sur ce point [1]. Beaucoup d'entretiens « familiaux » et « parentaux » sont de ce type.

Dans un processus de formation, par exemple, il sera quelquefois difficile d'échapper au piège de l'entretien manipulatif plus ou moins conscient.

L'agent de formation, lui aussi risque d'utiliser ce type d'entretien car il se sent investi d'une mission, « on attend quelque chose de lui ». Il désire la réussite de la formation. Il liera sa réussite comme « accompagnateur » à l'établissement d'une « bonne relation », c'est-à-dire, une relation qui lui paraisse gratifiante pour lui et pour l'autre. Soit qu'il donne beaucoup avec le sentiment d'être reçu, soit qu'il reçoive en retour les manifestations d'intérêt, d'acquiescement du formé. Le « développement » et la croissance du formé (à travers sa réussite, ses acquisitions, ses ajustements, voire son conformisme) sont dans le désir de l'agent de formation... et ce dernier risque donc de se laisser conduire par ce désir.

> Si on ne met pas de balises dans une relation...
> on sera amené à mettre des barrières.

---

1. Les conduites manipulatoires deviennent, dans les relations de longue durée, de véritables systèmes relationnels qui piègent comme par avance toute tentative de changement. On le voit, par exemple, dans certaines relations mère-fille. Une mère demandera au téléphone un conseil à sa fille sur tel ou tel problème (aménagement, vacances, réception) et dès que la fille commencera à proposer une aide, celle-ci sera acceptée avec des tas de conditions adjuvantes (dans lesquelles la fille dépensera une énergie folle) puis l'aide sera rejetée, disqualifiée, une autre solution totalement extérieure sera choisie. La fille sort de cet échange avec un sentiment d'inutilité, d'inexistence renforcé.

3. *Les entretiens d'aide*

a) *Définition et indication de l'entretien d'aide*

L'entretien « d'aide » a pour objectif la compréhension profonde (ou nouvelle) de ce qui se passe pour le demandeur, la découverte de la manière dont il éprouve la situation qui lui fait problème, la clarification progressive de son vécu et la recherche de moyens ou de ressources permettant un changement. L'intention de bien assumer ce type d'entretien ne suffit pas, il faut respecter certaines phases de son déroulement, en particulier celles décrites page 92.

L'entretien d'aide

— n'est pas une conversation (échange d'opinions)
— n'est pas une discussion (répondre à des objections)
— n'est pas une interview au sens journalistique du mot
— n'est pas un interrogatoire
— n'est pas un discours de l'interviewer
— n'est pas une confession.

b) *Spécificité de la relation d'aide*

Une relation d'aide peut s'exprimer de multiples façons. Elle peut être ponctuelle, circonstancielle ou se vivre dans la durée à l'intérieur d'un processus d'accompagnement, d'assistance ou thérapeutique. Nous parlerons plus spécialement de la relation de soutien et de la relation d'accompagnement. Actuellement on peut la définir comme une « relation spécifique » dans laquelle une personne sera assistée pour opérer son ajustement personnel à une situation à laquelle elle ne s'adapterait pas sans soutien ou sans apport d'un tiers.

Ceci suppose que « l'aidant » est capable de plusieurs démarches.

Outre la capacité de se décentrer, de développer une écoute active et de pouvoir recueillir l'expression du demandeur, cela supposera la possibilité de :

— Comprendre le problème dans les termes où il se pose pour tel individu considéré comme « unique », dans une existence singulière.
— Connaître les rapports de force, les contraintes circonstancielles qui environnent cet individu.
— Permettre à l'autre d'intégrer des compréhensions nouvelles, de mieux repérer ses ressources, de développer sa capacité de choix pour changer sa situation.

Une « pratique » de l'entretien en découle, il sera non-directif, c'est-à-dire, centré sur l'autre, non défensif pour celui qui assume la rencontre et cohérent dans sa progression, c'est-à-dire, tenant compte des contradictions qui s'exercent sur le terrain (milieu de vie, pressions institutionnelles, ressources réelles...).

c) *Entretien non directif ou entretien centré sur l'autre*

A l'origine de ces expressions on trouve les travaux de C. ROGERS. L'expression non-directivité fut souvent mal comprise, assimilée à laisser-faire, non-intervention, passivité bienveillante et neutre. C'est pourquoi C. ROGERS a été amené à utiliser les termes de « centration sur le client » et plus encore « d'entretien non-défensif », afin d'éviter les contre-sens et de poser l'ensemble des attitudes non-directives comme des positions actives.

Pour C. ROGERS la centration sur l'autre suppose les attitudes suivantes :

— **L'attitude d'intérêt ouvert** (disponibilité optimale, sans préjugés ni à priori, une manière d'être et de faire qui soit un encouragement continu à l'expression spontanée d'autrui :

« Que puis-je faire pour lui permettre d'en dire plus, d'aller plus loin ».

— **L'attitude de non-jugement** (tout recevoir sans réserve évaluative, accueillir tout sans critique ni évaluation, ni conseil).

— **Intention authentique de comprendre autrui** (dans sa propre langue, de penser dans ses termes, de saisir la signification particulière, originale que la situation a pour lui).

— **Attitude de non-directivité dans le déroulement** (c'est l'autre qui a l'initiative complète dans sa présentation du problème et dans son itinéraire), il n'y a pas de présupposé à chercher ou à vérifier. Il s'agit de laisser venir le discours de l'autre sans chercher ni à le modifier ni à l'orienter.

— **Effort continu pour rester « objectif »** [1] et être lucide sur ce qui se passe tout au long de l'entretien.

— **Attitudes de non-défense et de lucidité sur ses propres sentiments.**

Toutes ces attitudes seront à moduler en fonction de la dynamique relationnelle proposée par le demandeur. Il sera ainsi possible de « poser des exigences », de « refuser » pour ne pas entretenir l'autre dans un système ou une illusion relationnelle qui le coince lui-même [2].

d) *Recherche de cohérence*

Pour celui qui assume l'entretien, trois interrogations peuvent sous-tendre sa démarche de cohérence :

— **Où en suis-je au niveau du contenu :**

---

1. Etre objectif en ce domaine, c'est savoir que l'on est toujours subjectif.
2. Nous pensons en particulier aux attitudes de recadrage, de déconditionnement en miroir — quand l'autre veut nous faire jouer un rôle qui lui permet de garder la maîtrise de l'échange... et de ne pas changer.

- « Que me dit-il exactement ? »
- « Puis-je reformuler clairement ce que je crois avoir compris ? »
- « Où sont les polarisations dominantes de son discours ? »
- « De quoi me parle-t-il ? »
- « De qui ? et d'où ? »
- « Suis-je clair sur les différents niveaux de son expression ? Ce qui s'est passé, son ressenti et le retentissement en lui ».

— Où en suis-je au niveau de l'ici et maintenant ?

- « Que se passe-t-il entre nous dans ce lieu ? »
- « Suis-je conscient de ce que je ressens à l'instant même où je l'éprouve ? »
- « Suis-je conscient de ce qu'il peut ressentir lui-même par rapport à la situation présente ? »
- « Y a-t-il des parasitages extérieurs ? »

— Où en suis-je dans ma relation avec l'autre ?

- « Quels sentiments ai-je pour lui ? »
- « M'irrite-t-il ? »
- « Me sature-t-il ? »
- « Est-ce que je veux le rassurer, me protéger ? »
- « Me menace-t-il ? » etc.

e) *Progression*

Voici comment nous comprenons la dynamique d'un tel entretien et les phases qui nous paraissent à respecter.

A	B
Nous considérons que c'est le demandeur. La « demande » de A s'exprimera par un discours (D) qui peut être une question, une affirmation, une interrogation, un thème ou un sujet à débattre [1].	Nous avons donc la « position » de B qui assumera l'entretien.

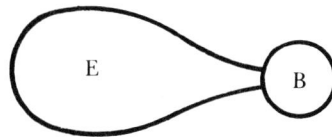

---

1. Cette position de demandeur n'est pas toujours reconnue, avouée ou affirmée par le demandant.

PHASE 1

*Favoriser au maximum
l'expression de A.*
(Amplifier son discours)

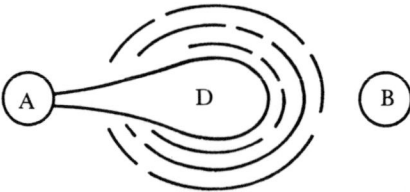

L'expression de B visera successivement à :

1. Favoriser au maximum l'expression de A. Que puis-je faire, que puis-je dire pour lui permettre d'agrandir son discours, d'en dire plus.

Dans cette phase il est souhaitable d'utiliser au maximum le vécu commun, de s'appuyer sur ce qui a déjà été dit entre le demandeur et celui qui assume, « tu m'as dit tout à l'heure, l'autre jour... » « j'ai senti que ce qui s'est passé t'a touché, je ne sais si tu veux en parler ? » Il s'agit de solliciter, d'inviter ou de stimuler pour ouvrir, faire préciser pour aller plus loin.

PHASE 2

Recueillir

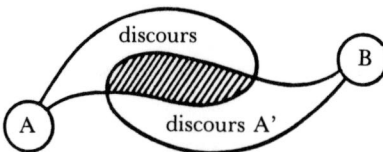

2. Recueillir ce que dit A. Par des reformulations simples : « vous voulez dire que... » « si j'ai bien compris vous avez fait ceci ou dit cela... »

PHASE 3

Clarification

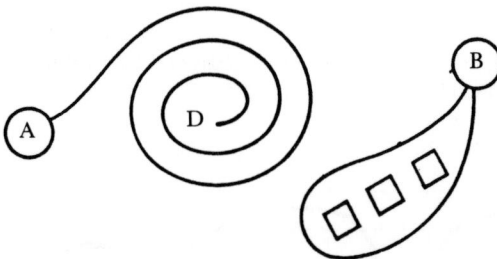

3. Clarifier les discours de A. Suivant les entretiens (et l'intensité de l'expression de A) au bout de quelques minutes B sera amené à dire « dans tout ce que vous m'avez dit, voici ce que j'ai entendu ».

C'est la partie la plus difficile, la plus délicate car il s'agit pour B de rassembler les morceaux du puzzle qu'est souvent le discours de A (même s'il apparaît très linéaire, très cohérent, très construit) et le renvoyer à A. Il peut pour cela, suivant la nature de l'échange, renvoyer plusieurs lectures du discours de A en mettant en relation les différents éléments du discours.

PHASE 4

Compréhension/aide

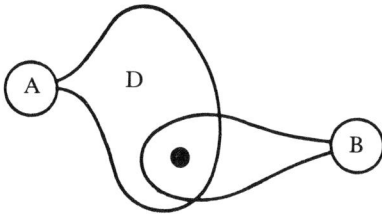

4. Compréhension/aide
L'entretien peut se poursuivre sur l'invitation à approfondir le point qui paraît central, sur la recherche de moyens pour faire évoluer la situation sur comment A peut se définir en agissant...
Ce sera la phase de focalisation qui permettra d'approcher au point central.

Pour atteindre les quatre points développés ci-dessus, la bonne intention ou la bonne volonté ne suffisent pas. Cela exige une formation, une méthode et disons surtout un « entraînement » (training). Un des objectifs du séminaire complet sera de créer des situations de training pour développer une sensibilité particulière sur ces différents points de repère. Comment stimuler. Comment retenir et redonner ? Comment clarifier ? [1].

f) *Indications et contre-indications*

L'entretien d'aide n'est pas une panacée. C'est une approche possible. Toutes les fois qu'un entretien aura pour but de comprendre une personne, un problème humain, un comportement, de favoriser la prise d'une décision, de clarifier un choix, toutes ces fois-là, il sera indiqué comme utile.

Il peut arriver qu'au cours d'un entretien à objectif différent, un problème nouveau apparaisse sur lequel une compréhension est requise. Dans ce cas un certain laps de temps doit et peut être consacré au cours de l'entretien à la pratique d'une méthode de compréhension centrée sur le client, quitte à revenir ensuite aux objectifs premiers de l'entretien. L'entretien d'aide est contre-indiqué dans les cas suivants :

— Cas où les problèmes sont de l'ordre de la connaissance, de l'information.

---

1. Nous utilisons pour la phase trois ce que nous appelons le « secrétariat opérationnel ». Une façon de prendre des notes sous forme de schémas, de mise en relation des différents points énoncés dans l'échange.

— Cas où l'autre a un pouvoir de réflexion affaibli ou insuffisant (petits enfants, anormaux, débiles, gâteux). Mais cela reste discutable car souvent il suffit de trouver la porte par où être reçu.

— Cas où l'autre ne veut pas participer à l'entretien (non coopération). Mais là encore, une exploration compréhensive de la méfiance de l'autre peut libérer une disponibilité, entraîner une ouverture, inviter à l'échange.

g) *Savoir écouter et savoir observer*

Nous rejoignons là les difficultés habituelles et les conditions de l'observation psychologique. Certains peuvent croire qu'être psychologue, éducateur ou aidant, c'est deviner les mobiles secrets, scruter les consciences ou encore anticiper les réactions. Attention alors aux risques de violer les défenses voire la personnalité profonde, de déséquilibrer une situation fragile.

Nous pensons qu'observer des phénomènes relationnels ce sera tenter de saisir de quels sens, de quels messages ils sont porteurs sans les réduire à une explication formelle ou dogmatique. Et ainsi de les ouvrir, de les faire circuler, de les mettre en relation pour les rendre porteur de vie.

La psychologie est un certain point de vue [1] à partir duquel on observe et on tente de comprendre le réel de tous les jours, en sachant que nous ne percevons que quelques-uns de ces multiples aspects. La communication et ses nombreux avatars représente une part de ce réel avec des enjeux importants au niveau de la santé, de l'épanouissement personnel et de la recherche du bonheur.

---

1. Il existe beaucoup de grilles de décodage permettant de donner un sens ou de relier des signifiants entre eux. Ce qui domine aujourd'hui c'est le courant psychanalytique qui, dans certains milieux, constitue un véritable impérialisme où il s'exerce parfois de façon terroriste. Il y a aussi tous les courants issus de la psychologie humaniste dont l'approche systémique et interactionniste nous paraît très intéressante pour comprendre, au-delà des personnes, la relation entre les individus.

h) *Les obstacles personnels les plus fréquents à l'écoute d'autrui*

— Le retentissement ou la résonance

« Qu'est-ce qui a été touché en moi ?
Zone de bien être ?
Zone de mal être ?

Si ce que me dit l'autre résonne sur un mode positif ou négatif au point d'envahir ma pensée, je ne l'écoute plus, je n'entends que l'écho en moi de ce qu'il me dit.

— Le ressentiment, la déception

« Qu'est-ce qui a été satisfait ou insatisfait dans mes attentes.

« Je lui en veux de me dire cela » ou encore, je supporte mal la déception, « je ne m'attendais pas à cela ».

— Faire preuve d'insécurité, d'incertitude sur moi (incapacité), sur l'autre — jusqu'où va-t-il m'entraîner ? Puis-je lui faire confiance ? Puis-je me faire confiance ?

— L'intentionnalité, le désir sur l'autre — quand j'ai un projet sur l'autre, « je voudrais qu'il prenne conscience », « je souhaite qu'il comprenne les conséquences de ce qu'il dit, de ce qu'il fait... » — quand mon désir est puissant ou si aigu, que je ne peux entendre et recevoir celui de l'autre.

— Le désir de comprendre, de contrôler ce qui va se dire.

« Comment puis-je accepter de ne pas avoir le contrôle permanent de ce qui se dit ou se passe ? »

Il sera difficile à beaucoup d'accepter ce que l'autre vous dit avec ses mots, son rythme, ses tâtonnements, ses contradictions...

— Et bien sûr toutes les peurs... les peurs innombrables inscrites dans notre histoire.

— Le pseudo-respect. Chaque fois que je pense à la place de l'autre qu'il ne peut pas, que ce ne sera pas bon pour lui, que c'est inutile, cela rejoint les censures et les interdits qui m'habitent.

i) *Les obstacles à la perception et à l'observation des phénomènes relationnels*

Pour savoir observer et écouter, il faut un certain entraînement et un certain effort pour dépasser, aller au-delà des habitudes et des conformismes.

Nous rencontrons plusieurs obstacles :

— La subjectivité

Cela consiste à donner à ce qui se dit, aux faits, des significations personnelles, dont on habille le réel au lieu de le percevoir tel qu'il est. Certains états émotionnels ou passionnels intenses produisent dans notre perception des distorsions énormes (ex. la projection dans la relation amoureuse).

« Dans certaines relations je serai donc atteint de surdité et de cécité sur certains points ».

— La déformation professionnelle

Nous isolons un aspect privilégié et connu dans la masse du réel. Nous disposons alors d'un seul rôle pour traiter les diverses situations de la vie, et cette focalisation relationnelle dévitalise parfois une relation dont les multiples richesses vont nous échapper.

— La signification intellectuelle de ce qui se dit

Dans une conversation, nous risquons de ne retenir que l'aspect conceptuel (idée) au lieu de percevoir la totalité de la situation ou des attitudes et tout l'arrière plan émotionnel sous-tendu (l'écoute au niveau des mots occulte les autres niveaux). Ces divers obstacles nous mènent à opérer une sélection dans le réel, à n'en saisir qu'un aspect correspondant à notre point de vue. Pour accéder au point de vue psychologique, il faut s'arracher à une manière personnelle ou habituelle de voir, se décentrer de soi (de son point de vue), pour établir des mises en relation.

— Egocentrisme et parasitisme

Nous avons tendance à ramener ce que nous dit l'autre à du connu, à du déjà expérimenté, à n'entendre chez autrui que ce qui nourrit notre propre point de vue. Chacun voulant entraîner l'autre sur le terrain où il se sent le plus sûr. La possessivité mise en œuvre dans certaines relations ira à l'encontre de toute aide possible.

*** Nécessité d'une certaine orientation positive
de l'attention**

Il apparaît nécessaire, pour accéder à l'écoute psychologique, de s'aider au-delà d'une connaissance du problème, sur d'autres plans. Par exemple l'écoutant pourra s'appuyer sur les forces vives du moi, et traduire en termes de ressources ce qu'il advient. Il tentera d'interpeller le sens des événements et de les baliser en termes de séquences, de phases, ce qui permet de relativiser et de prendre du recul.

En reliant les faits on leur donne un mouvement, ils s'inscrivent alors dans un ensemble, ils forment une séquence d'histoire, ils deviennent ainsi un point d'appui sur le réel.

> **Les mots ne sont que les cailloux repères, ils ne sont pas le chemin.**

> **Si vous ne vous occupez pas de vos besoins...
> Vos besoins s'occuperont de vous.**

4. *L'entretien d'accompagnement de type psychopédagogique : ses caractéristiques et ses objectifs*[1]

L'entretien de soutien ou d'accompagnement psychopédagogique dans sa dynamique relationnelle s'apparente beaucoup à l'entretien d'aide ; nous verrons plus loin que les variables situationnelles (situation de formation en milieu « scolaire ») imprimeront à cette dynamique des directions plus diversifiées.

Ce qui nous paraît important de dire, c'est qu'il doit se

---

1. Il s'agit là des entretiens individuels qui ont lieu en situation de formation entre un formateur et un étudiant. C'est le cas, par exemple, des travailleurs sociaux, des travailleurs en soins infirmiers.

fonder sur un choix réciproque des partenaires. Qu'il doit se répéter, c'est-à-dire, se reproduire à des fréquences régulières connues des intéressés. Il s'inscrit donc dans une relation de durée.

L'entretien de type psychopédagogique s'inscrit dans un processus de formation, et à ce titre, il est centré sur la réalisation d'un certain nombre d'objectifs. Ces objectifs peuvent s'exprimer en termes de but à atteindre, de réalisations, ou plus simplement de sensibilisation et d'interrogations.

Ce qui caractérise ce type d'entretien, c'est la négociation préliminaire **sur la poursuite en commun d'un certain nombre d'objectifs, qui seront reconnus et acceptés comme repères ou balises du processus de formation.**

En voici quelques-uns, tirés de la **formation des travailleurs sociaux** (éducateurs spécialisés, assistants sociaux, personnel infirmier).

● Développer la faculté d'observation

Nous caractérisons l'observation par cinq démarches :
- — Savoir percevoir
- — Observer
- — Noter
- — Décoder
- — Rapporter des faits.

L'interrogation portera sur le degré de sensibilisation à l'observation de comportements individuels ou de groupes :

* Apprendre différentes techniques d'observation, permettant d'élaborer une réflexion sur les pratiques professionnelles.

* Apprendre à noter l'observation de façon à la rendre transmissible.

* Développer la capacité à observer ce qui se passe entre
   — moi et l'autre — ce peut être un enfant, un malade
   — moi et un groupe
   — deux autres — deux enfants, deux malades
   — l'autre et lui-même (comment agit-il sa relation à lui-même)

   * Etre capable d'utiliser l'observation comme méthode de travail et comme instrument de recherche.

● **Repérer la prise de notes, la compréhension des documents et données théoriques en cours de formation**

Au-delà de l'énumération des différentes sciences et matières qui participent à la formation du travailleur social (sociologie, psychologie, psychiatrie, pédagogie, droit, médecine générale, etc.) savoir repérer comment se fait la prise de notes et la relation (apprentissage, intégration, résistance, résonance, etc.) du formé à chacune de ces matières.

Comment ce savoir nouveau vient-il s'ajouter, se confronter, menacer ou remplacer les savoirs antérieurs ? [1]

● **Favoriser l'intégration théorique-pratique**

Il s'agit là de s'interroger sur l'intégration des données et des acquisitions théoriques dans la pratique professionnelle. De savoir reconnaître et intégrer les données théoriques dans l'acte professionnel.

A partir des faits d'observation et du vécu professionnel, a-t-il été possible :

* *de rapprocher tel comportement de telle donnée théorique ?*
* *de rattacher telle suite de comportement à des hypothèses théoriques de compréhension. De dépasser l'observation ponctuelle d'un événement pour le développer en étude de cas ?*
* *d'illustrer et d'éclairer l'enseignement du Centre de Formation à l'aide d'exemples et de faits recueillis pendant l'exercice professionnel ?*
* *de répercuter et d'exploiter des acquisitions théoriques dans la pratique professionnelle ?*

● **Acquérir une capacité de compréhension immédiate.**

En développant la capacité de compréhension immédiate du formé, lui permettre de s'actualiser plus rapidement face à une situation.

* *S'entraîner à reconnaître dans un comportement sa signification dynamique, à poser « un diagnostic sur le champ »*
* *Etablir des liens, des rapprochements entre les faits observés.*
* *Mettre en évidence le champ relationnel qui entoure une situation.*

---

1. Toute situation de formation devrait intégrer comment se fait (ou se défait) cette rencontre des savoirs.

* Repérer la dynamique des relations.

L'évaluation peut se faire à partir d'échanges directs avec les agents de formation et les formateurs, mais aussi à partir des notations sur les différents documents (bilans, études de situations).

● Observer le retentissement des conduites professionnelles

Nous entendons par conduite professionnelle tout acte posé à l'égard d'un autre sur le terrain professionnel et qui justifie notre présence comme intervenant.

En évaluant les effets d'une conduite ou d'une action posée dans le cadre professionnel le formé accède à la conscience de ses responsabilités.

* *Signaler les effets vis-à-vis de l'autre, d'un enfant ou d'un groupe.*
* *Découvrir l'existence de toute une gamme de conduites possibles en réponse à une situation donnée — éléments d'un choix.*
* *Relier ces conduites aux attitudes de base en cours de développement.*
* *Relever les effets produits par telle conduite ou par telle attitude. Les conséquences, les situations nouvelles produites par l'action.*

● Distinguer son rôle dans le processus de soins ou d'action thérapeutique

En reconnaissant son propre rôle dans le processus de soins. Cet aspect sera abordé à partir de la réalité vécue, rapportée par le formé. Peut-il percevoir ses difficultés et ses différents rôles en relation avec le déroulement de la formation ?

* *Découverte du rôle et de l'importance des attitudes rationnelles comme moyen de soins, comme moyen d'actualisation des possibilités et des difficultés de l'autre.*
* *Entraînement aux techniques d'intervention.*
* *Créativité de moyens nouveaux et initiatives.*

L'évaluation porte sur la perception que le formé a de son rôle à propos de l'éveil aux techniques d'intervention comme instruments de travail et leurs aspects relationnels.

● **Mettre en évidence son propre processus
d'apprentissage**

Il s'agit là de s'interroger sur les moyens qui ont favorisé
la découverte du processus d'apprentissage du formé.

> ** A partir de son organisation face aux exigences de la formation
> (cours, travaux pratiques, recherches, etc.).*
> ** De son organisation dans le temps et dans les moyens pris pour
> obtenir un résultat.*
> ** Par l'évaluation du niveau d'autonomie, de sécurité personnelle
> face à la formation et au milieu professionnel.*

● **Favoriser une capacité de synthèse**

En invitant à relier les faits d'observation entre eux, ainsi
qu'aux cours théoriques par l'étude de cas, le formé sera
amené à faire le portrait évolutionnel de la personne qu'il
suit, à rédiger un tableau clinique.

L'évaluation porte sur l'ensemble des liens que le formé
est capable de faire à partir d'un fait ou d'un ensemble de
faits. Il sera éveillé aux problèmes de recherche et d'approfondissement, indispensables à l'autonomie de chaque
discipline [1].

● **Situer le rôle joué au niveau de l'équipe « soignante »**
(éducative, médico-sociale, soins infirmiers)

Il s'agit là de reconnaître son propre rôle au sein de
l'équipe de soins. Tout d'abord en tant que formé impliqué
dans l'action des autres adultes et les impliquant de plus en
plus par sa propre action et ses réflexions.

Mais aussi comme intervenant à part entière, pleinement
responsable d'un secteur, d'une action, d'une démarche
« thérapeutique ». L'évaluation porte alors sur l'intégration,
l'adaptation et la responsabilité du formé au sein d'une
équipe, sur sa capacité et ses difficultés à collaborer avec
d'autres adultes à une même tâche, sur l'opportunité des
choix face aux situations concrètes, sur la qualité de l'action
proposée ou réalisée.

---

1. Les travailleurs sociaux manquent souvent de cette rigueur dans les tentatives de con-
ceptualisation de leurs pratiques.

• Distinguer la spécificité de son rôle

Reconnaître et accepter la spécificité de son rôle à l'intérieur d'une équipe interdisciplinaire. Les balises sont :

* *Acceptation de son rôle de soignant ou de travailleur social et celui des autres. Le formé a découvert sa place comme intervenant et se situe comme tel par rapport aux autres spécialistes de l'équipe médico-sociale, etc.*
* *Interrogation sur l'image qu'il a de lui-même comme professionnel (identité professionnelle).*

• Acquérir une capacité de réflexion et d'auto-critique

* *Découverte et acceptation de la nécessité d'une réflexion opérée par lui-même sur sa propre pratique.*
* *Capacité à se remettre en question par rapport à ses attitudes et à ses conduites professionnelles.*
* *Evaluation de la capacité d'auto-critique.*

• Favoriser un esprit de recherche et d'approfondissement

* *Repérer la capacité à être un agent de changement pour soi et pour les autres.*

Si nous nous sommes attardés plus longuement sur ce type d'entretien, c'est qu'il est pour nous la base de toute relation de formation qui suppose un accompagnement individualisé dans la durée.

Nous pensons que toute formation aux relations humaines doit s'appuyer sur un **processus de supervision** et s'inscrire dans une relation spécifique qui est celle d'une rencontre régulière au cours de laquelle le supervisé « apporte » un matériel issu de son vécu de formé ou de stagiaire dans un service.

Si le matériel est écrit et déjà partiellement « traité » par le formé (notation des faits et analyse personnelle sur ces faits) cela évitera que l'entretien ne dévie sur des aspects trop personnels, qu'il se « psychothérapeutise », par exemple. Il s'agit bien d'une **aide psycho-pédagogique.**

La poésie est l'un des destins de la parole, elle ouvre dans sa nouveauté, dans son amplitude, un avenir infini au langage. Une image poétique peut-être le germe du monde.

5. *L'entretien dirigé*

C'est un entretien dans lequel celui qui assume va « diriger » de façon systématique le travail d'exploration du demandeur.

Il utilise pour cela des procédures de recentration, de focalisation, de visualisation, de projection à partir du matériel apporté et surtout à partir de l'intention exprimée par le demandeur [1].

Donnons un exemple :

Le demandeur exprime une peur :
« Je ne sais pas ce que j'ai, j'ai peur, je me sens mal à l'aise, peu disponible dans mon travail ».

L'aide dirigée :
« Accepterais-tu de dire comment tu vois, tu sens, cette peur ? »

Le demandeur :
« C'est une boule là » (il montre son ventre)

Comment est-elle ?
Ronde, bleue, lisse.

Peux-tu prendre un peu de temps pour la regarder, l'observer, sentir d'autres signes venant de cette boule ?
Elle n'a pas d'odeur, elle ne bouge pas, elle est fermée.

Accepterais-tu de voir ce qu'il y a dedans ?
Oui (avec émotion). Il y a deux bébés. Il y en a un qui n'a pas de place. Il est en trop. (Elle pleure). Celui qui prend beaucoup de place, c'est moi, j'ai encore besoin d'être là, tout petit. Je ne peux pas partir.
Je comprends maintenant pourquoi je n'arrive pas à avoir un enfant, je ne m'en sens pas capable.
Je découvre qu'il n'y a pas de place pour lui, en moi.

Elle parlera sans s'arrêter pendant quinze minutes, pour reconnaître sa « peur d'être coincée, de se sentir trop âgée si elle attend encore pour avoir un enfant, (elle a déjà trente-six ans). Elle dira aussi son impression d'être « trop infantile » pour pouvoir être mère.

Sa peur dit à la fois son conflit et sa demande.

Celui qui dirige ce type d'entretien doit tenter de rester

---

1. Ce type d'entretien s'appuie sur des approches de type Gestalt.

centré sur le demandeur, en respectant le sens de sa démarche, mais en osant faire des propositions dynamiques.

Nous voyons que dans l'entretien dirigé s'établit un échange au cours duquel celui qui assume la rencontre va introduire — une direction — un sens au matériel apporté. Dans ce genre d'entretien celui qui assume va diriger, guider la démarche du demandeur dans le sens où il va « ordonner » le discours, le mettre en œuvre — lui donner un mouvement, une dynamique, une amplification — de façon à ce que ce discours, énoncé comme un puzzle, s'articule en une figure et devienne compréhensible pour celui qui l'exprime.

Nous pouvons illustrer ce type d'entretien par un autre exemple concret.

Voici comment s'est exprimée cette jeune femme de trente ans au début d'un entretien. Il s'agissait d'une première rencontre. Dès les premières phrases toute son attitude indiquait combien elle était dans la situation qu'elle décrivait et peu dans la rencontre ici et maintenant.

> *Il y a quelques années j'ai jeté mes parents à la poubelle et puis j'ai continué ma route toute seule.*
> *Ce matin en me réveillant à six heures, je vois la poubelle devant moi, elle était là sous mes yeux — je peux passer à côté ou je peux aller voir ce qu'il y a dedans ?*
> *Je ne sais pas, mais la poubelle est là !...*
> Oui, la poubelle est là...
> *Je peux l'éviter encore, mais elle restera là.*
> Elle restera là...
> *J'ai quand même envie d'aller voir, ça sent trop mauvais là-dedans.*
> Je ne sais pas... aurais-tu envie de t'approcher ?
> *Oui.*
> Peux-tu le faire ?
> *Oui, elle est grosse cette poubelle, il y a un couvercle gris et sale.*
> Peux-tu le soulever ?
> *Oui. Oh, là, là, ils sont bien coincés là-dedans, ils n'ont pas bougé. C'est vraiment moche comme ils sont.*
> Oui, comment sont-ils ?
> *Ils sont raides et vieux. Ils n'ont jamais rien compris. Tou-*

jours à juger, à imposer, à priver (ton de plainte). Ils n'ont rien compris. Ils risquent de mourir là, tout vieux, sans comprendre, comme des momies. Moi, je ne peux pas leur donner la vie, ils me l'ont prise. Je ne peux rien, rien (elle nie) RIEN (silence).
Mais je ne peux pas les laisser là-dedans. Cette poubelle est trop sale, elle est trop triste (elle pleure). Elle est perdue, cette poubelle, toute seule.
Que souhaiterais-tu faire pour eux et pour cette poubelle ?
Les sortir, les mettre dans un endroit où ils auront moins mal. Je vais les accompagner un peu pour qu'ils ne se perdent pas.
Oui, les accompagner.
Seulement cela, les accompagner sans me mêler à eux. Ils ont leur histoire et moi la mienne.
Et toi la tienne...
Oui, mon histoire à moi, c'est quand même pas une histoire de poubelle...
Elle se tait (il y aura un long silence) puis se lève —
Ça va j'ai compris.

Nous le sentons bien, ce genre d'entretien n'apporte pas de réponse. Il ne propose pas de solution, nous dirons plutôt qu'il ouvre des chemins. Il permet au demandeur de mieux s'orienter, de sortir de quelques répétitions, de rechercher des moyens plus adaptés pour s'engager dans un changement durable (psychothérapie, formation personnelle à long terme...). Il invite surtout à prendre en charge son propre changement par l'utilisation d'une approche symbolique médiatisée par la visualisation [1].

6. *L'entretien médical* (malade - médecin)

Ce type d'entretien obéit à des règles informelles relativement précises et extrêmement tenaces [2], parce que cautionnées, entretenues par les deux parties. C'est un échange où les rôles sont définis, structurés, figés à l'avance. Le malade ou patient vient se faire con-

---

1. Voir le livre extrêmement passionnant de Anne Ancelin-Schützenberger, *Vouloir guérir*, éd. Eres-La Meridienne, 1985.
2. Il est d'ailleurs étonnant de constater que les médecins — dont la formation est de type autarcique — n'ont pas la formation réelle à l'entretien, alors que c'est leur outil de travail essentiel. Les « modèles » reçus sont les entretiens pratiqués dans les consultations hospitalières qui n'ont aucun rapport avec l'entretien de cabinet ou la consultation de ville (à domicile)

J'aime vous parler car vous savez m'écouter sans me juger... vous.

firmer ou infirmer ses inquiétudes. Le médecin et le soignant ont chacun « quelque chose à entendre et à dire de l'ordre de la maladie ».

Ce qui est « présent » au médecin est un symptôme, c'est-à-dire, un langage codifié irrationnellement dans l'ordre du symbolique par le corps du malade et qui sera codifié rationnellement dans l'ordre du prévisible par le médecin.

Et pourtant...

Combien de maladies, de productions somatiques (kystes, affections fonctionnelles, désordres organiques) n'avons-nous pas vu « se défaire » en dehors de toutes prévisions, de tout repère épidémiologique en aval ou en amont d'une symptômatologie pourtant bien cernée. Nous croyons pour notre part, que toute maladie est un ensemble de langages symboliques qui cherchent à se faire entendre.

Nous distinguerons donc dans l'entretien médical ce qui relèvera de la communication :

Présentation de symptômes par le patient (anamnèse...) et traitement-réponse par le médecin (ordonnance). Et ce qui dépendra de la relation, c'est-à-dire, de l'ensemble des enjeux (gains, bénéfices, prix à payer, séduction, dépendance...) qui se jouent entre patient et traitant. Il y aura aussi la façon dont le médecin « aide » le malade à entendre ce qu'il « dit » avec sa maladie. C'est d'ailleurs une situation paradoxale, car soigner signifie diminuer, supprimer le symptôme et équivaut dans un autre ordre à « baillonner », à faire taire ce qui tente de se dire par la médiation d'une maladie.

Dans ce cas, l'entretien de type médical peut proposer un chemin possible pour tenter d'entendre le lieu où se vit et où se joue l'enjeu d'un message qui ne peut se dire qu'au travers d'une souffrance.

Tous ces signes peuvent être décodés et entrer dans un tableau ou une nosographie et traduits en termes de maladie et faire l'objet d'une réponse traitement-soin. Ils peuvent aussi être entendus, réinjectés dans le circuit d'un échange.

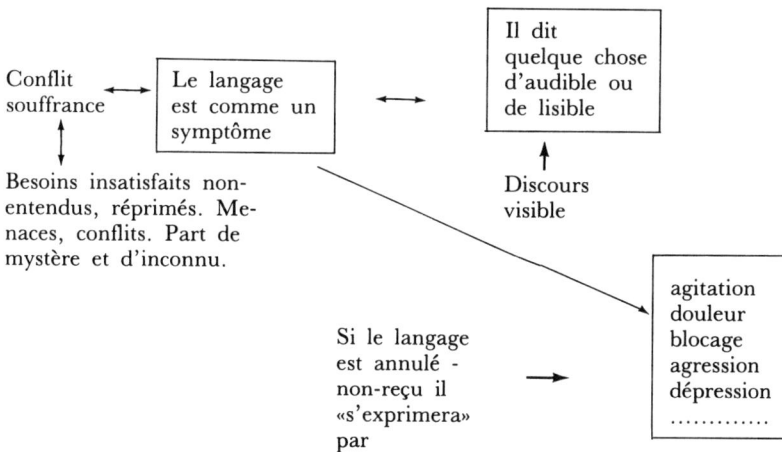

Conflit souffrance ⟷ Le langage est comme un symptôme ⟷ Il dit quelque chose d'audible ou de lisible

Besoins insatisfaits non-entendus, réprimés. Menaces, conflits. Part de mystère et d'inconnu.

Discours visible

Si le langage est annulé - non-reçu il «s'exprimera» par → agitation douleur blocage agression dépression ....

« La maladie est la meilleure solution possible pour un individu à un moment donné de sa vie et en fonction des éléments dont il dispose ».

Grindler et Banbler

> **Avec tous ces langages, bien au delà des mots... le discours des maux.**
> **Ah le langage du corps qui dit souvent l'inverse du discours manifeste.**

QUELQUES ÉCOUTES POSSIBLES DANS LA RELATION SOIGNANT/SOIGNÉ

Le malade envoie des signaux (symptômes) qui vont permettre au médecin de déceler la maladie. Il ne les envoie pas n'importe quand, ni dans n'importe quel ordre, mais bien à l'intérieur d'une chaîne de signifiants qui fera que la maladie sera dépistée (entendue), plus ou moins précocement, plus ou moins tardivement. Parallèlement, à ces signaux qui permettent l'établissement du diagnostic, le malade envoie des signaux sous forme de questions qui vont dire aussi sa relation à la maladie et sa relation au pronostic.

Exemple :
Le médecin traitant vient de diagnostiquer un cancer du poumon assez avancé et il parle au malade d'une infection des lobes supérieurs qui devra faire l'objet d'un traitement de longue durée. Il envoie le malade à la radiographie. Après les examens, le malade entend, pendant qu'il se rhabille, les infirmiers qui disent à propos de ses clichés :
« En voici un qui ne va pas embêter sa femme pendant longtemps encore ».
Il revient chez son médecin qui lui confirme que les clichés disent que son infection est importante et que le traitement sera long.
Sur le pas de la porte le malade dit :
« J'ai entendu les infirmiers dire : « en voici un qui ne va pas embêter sa femme longtemps... » Moi, j'ai besoin de savoir la vérité. Dans mon travail on dit les choses clairement (il est garagiste), moi j'ai besoin de savoir ».

Je ferai le pronostic que cet homme a besoin de savoir, mais en même temps il n'est peut-être pas prêt à entendre la vérité, (celle de son atteinte par un cancer avec toute la mythologie qui l'entoure).

Dans cette situation, la vérité est aussi à trois dimensions :
— Au niveau d'un fait : atteinte, diagnostic, pronostic.
— Au niveau d'un imaginaire.
— Au niveau d'un retentissement.

En matière de communication les trois dimensions sont toujours présentes. L'erreur des cliniciens, forts de leur savoir technique, sera de privilégier la première dimension, en oubliant les deux autres qui, elles, sont chargées de tout l'émotionnel et des « représentations » personnelles.
Donc, dire la vérité est un problème mal posé qui globalise trop, qui s'appuie sur des principes et qui devrait faire l'objet de ce que nous appelons « un dialogue à miroir » qui pourrait s'énoncer de la façon suivante :

Il y a tant de choses que vous ne savez pas sur moi, docteur...

Comment m'entendez-vous ? Je parle de si loin...
René Char.

* Du côté du malade :
« Je vais vous dire dans un langage codé ce que vous pouvez me révéler, et cela prendra du temps. Aussi je vous demanderai de prendre ce temps là avec moi, en acceptant de découvrir et de me dire ce que je peux entendre ».

* Du côté du médecin :
« C'est à travers ses questions et ses découvertes que je vais apprendre au malade son vécu par rapport à la maladie qu'il porte et le retentissement qu'elle a dans son histoire ».

Il y aura ainsi des signes qui vont s'échanger, devenir langages où chacun va avancer avec l'autorisation de l'autre.

Dans un autre domaine nous conseillons souvent aux infirmiers en formation de parler aux comateux et aux opérés encore en état de réveil anesthésique. En leur disant, par exemple, tout ce qui se passe pour eux, ce qu'on leur fait :

« je vous ramène maintenant dans votre chambre ».
« Votre femme vous attend, elle sera là à votre réveil » ou encore :
« Je vais changer votre drap ».
« Il fait beau dehors ».
« Des amis ont apporté des fleurs ».

Oui, parler au malade inconscient, lui donner des signes du monde extérieur et le relier ainsi à la vie. Nous étonnons souvent le personnel infirmier en proposant de « parler » régulièrement aux malades qui sont dans le coma. De leur dire par exemple les choses de la vie, la couleur du temps, les petits événements de l'actualité, bref de rester relié à eux par l'échange, par la parole et surtout par un rythme et un climat d'énergie offert.

Pour l'accompagnement des mourants, nous invitons à utiliser différents langages chargés de symboles : objets personnels, foulard, vêtements chargés d'odeur, photo... Nous proposerons de dialoguer avec la famille à partir d'événements communs : naissance, entrée à l'école, déménagements, petits accidents, souvenirs d'incidents ou de faits significatifs : mariage, décès, et de se relier ainsi au malade à travers la chaîne de sa propre histoire et cela par la médiation d'objets porteurs de sens, qu'on lui donnera à toucher, à garder, à sentir...

7. *L'entretien éducatif familial ou social*

En fait c'est souvent le parent, l'éducateur ou le travailleur social qui le provoque, qui demande l'échange.

Il souhaite rencontrer l'intéressé (l'enfant, le client) à partir d'une demande qu'il a sur lui, le plus souvent désir d'un changement, souhait d'une réponse à ses propres attentes ou d'une commande (mandat de l'institution qui l'emploie, pression de l'environnement etc.) [1].

Le parent ou le travailleur social étant le demandeur ce serait donc au « client » ou à l'enfant d'assumer l'entretien (être à l'écoute, se décentrer, favoriser l'expression, recueillir, clarifier le dit du travailleur social ou du parent).

Or c'est justement lui qui est mis en situation d'être aidé. Ainsi le parent ou le travailleur social vont se transformer le plus souvent en investigateur pour que l'aidé se dise, se dévoile, se cherche et se trouve.

Entretien de provocation, de stimulation, de forçage, entretien nourricier aussi où l'on alimente un autre qui ne le souhaite pas nécessairement.

L'exemple le plus classique est celui de l'enfant à qui on demandera :

« Mais qu'est-ce qui ne va pas en classe ? »

Du jeune en difficulté qui se verra asséner des :

« Mais qu'est-ce que tu veux faire dans la vie ?

« Qu'est-ce que tu proposes ? »

Dans cette situation c'est bien l'adulte qui est en difficulté, démuni, impuissant, réactionnel face au comportement du jeune. C'est lui qui a besoin d'être aidé... et le jeune ne peut ni l'écouter, ni l'entendre, ni lui permettre de diminuer son angoisse.

---

1. Quand un professeur, un enseignant convoque des parents pour leur parler de l'enfant « qui ne travaille pas assez, qui ne suit pas, qui provoque des problèmes en classe...»
Qui est réellement en difficulté ?
Qui vit mal la situation ?
Qui a besoin d'être aidé, entendu ?

Les entretiens à vocation éducative, quand ils se déroulent dans cette dynamique sont voués à l'échec.

« Ah ! si mes parents ne confondaient pas toujours mes désirs et leurs demandes...»

8. *L'entretien de clarification des perceptions mutuelles*

C'est l'un des plus difficiles à assumer, à faire progresser car ce type d'échange touche à la fois aux projections mutuelles et aux perceptions antérieures (images-écran).

Quand deux personnes se rencontrent, elles s'envoient un ensemble de signaux qui sont autant de langages non explicités.

Chacun de ces signes touche l'une ou l'autre zone que nous appellerons :

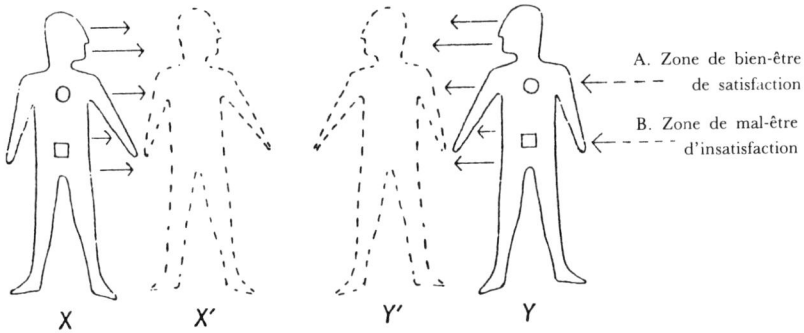

A. Zone de bien-être de satisfaction

B. Zone de mal-être d'insatisfaction

Si Y est particulièrement réceptif en A, il trouvera X sympathique, attirant, intéressant...
Si par contre il le reçoit en B, il le trouvera antipathique, inintéressant, voire menaçant.

Parfois ces deux zones seront sensibilisées en même temps dans une rencontre, alors Y se sentira ambivalent, en conflit intra-personnel vis-à-vis de X.
Viennent s'ajouter les images antérieures reçues (Y a entendu parler de X positivement ou négativement) ou les attentes et les peurs liées au rôle de X, à la fonction qu'il exerce, au titre qu'il porte...

Va ensuite se créer, sans que l'un ou l'autre en soit conscient, une image-écran (X' et Y' qui va à la fois constituer la surface d'attirance et de rejet nouant ainsi les désirs et les obstacles à la rencontre des personnes réelles (X et Y).

C'est sur cette image-écran, sur cette image projective mise en avant que seront investis éventuellement les aspects transférentiels de la relation, c'est-à-dire, ceux qui nous renvoient aux images et aux personnages importants de notre propre passé.

Parfois sur cette image-écran (X' et Y') seront aussi « visualisés » les aspects de nous-mêmes considérés comme des manques ou encore comme des parties à rejeter, à nier en nous [1].

Si bien que l'autre sera l'objet d'une séduction ou d'un rejet, d'une appropriation ou d'une lutte sans même qu'il en sente, ou découvre l'enjeu. Cet enjeu ne dépend pas du tout de lui. L'entretien de clarification va viser d'une part à tenter de se dire mutuellement :

« Voilà comment je te perçois ».

« Voilà ce que cela provoque en moi ».

« Voici quels sont mes attentes, mes déceptions, mes projets avec toi... »

Et d'autre part, de démystifier, si possible, les renvois à des personnages plus ou moins menaçants ou attirants :

« Tu m'as fait penser à ma sœur qui voulait toujours avoir raison »

ou « à mon père qui décidait pour moi ce qui était bon ou mauvais... »

ou « à ma mère qui n'était jamais satisfaite quoi que je fasse ».

Cet entretien est difficile car il implique fortement l'autre (celui qui est la surface de projection) qui aura tendance à se défendre, à entretenir les projections et les investissements dont il est l'objet, qui va vouloir se justifier, se dire, s'affirmer, prendre le contrôle de l'imaginaire sur l'autre :

« Mais non, c'est insensé, je ne suis pas comme cela, la preuve, c'est que j'ai fait... »

« Tu n'as rien compris à ce que j'ai voulu dire...»

Ces entretiens sont cependant quasi indispensables dans les relations de longue durée (personnelles ou professionnelles) pour assainir et rendre possible une relation de personne à personne.

> « **Pour mettre au grand jour sa nuit** »
> Jean Cocteau

---

1. Le mauvais objet intériorisé qui se trouve ainsi projeté sur l'autre... et traité comme nous appartenant encore.

> Et déjà trouver une parole pour soi-même avant de l'adresser à autrui. Cela veut dire aussi négocier avec soi avant de négocier avec l'autre.

9. L'entretien de négociation

L'entretien de négociation est une relation triphasée de communication entre :

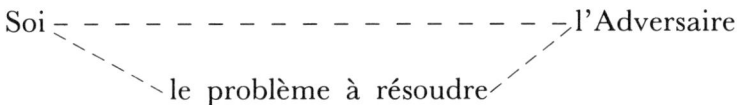

Soi - - - - - - - - - - - - - - - - l'Adversaire

le problème à résoudre

A l'intérieur d'un contexte institutionnel, social, économique, politique et culturel commun, même s'il se vit avec des différences.

L'entretien de négociation est une situation de communication/confrontation entre deux ou plusieurs personnes avec un objectif déclaré explicitement différent, voire opposé. Chacune de ces personnes investissant la situation de négociation avec des enjeux personnels implicites qui ne sont pas toujours en relation directe avec les objectifs manifestes. C'est un entretien qui vise à dégager une solution acceptable pour chacun des protagonistes. L'entretien s'inscrit toujours dans un contexte institutionnel, familial, social, économique et politique dans lequel les protagonistes ont le plus souvent un statut, des rôles distincts et différents. Les rapports de force ne sont pas toujours en relation directe avec les rôles et les statuts apparents, ils seront aussi rattachés à l'histoire de chacun et à leur histoire commune.

a) Fonctions

L'entretien de négociation a plusieurs fonctions :

1) Fonction de production. La finalité de ce type d'entretien réside essentiellement dans la possibilité de transformer de l'information et par là-même une situation acquise, afin de dégager par une décision (ou un ensemble de décisions) une solution novatrice et acceptable pour chacune des parties.

L'entretien a pour vocation de produire un changement, d'introduire une autre façon de voir, de faire ou d'agir ensemble ou séparément.

2) *Fonction de facilitation.* Il permet de sortir d'une situation de crise, de blocage par le dépassement d'un conflit. Pour nous les phases-repères sont :
  * déséquilibre d'une situation acquise
  * état de crise, de tensions, de malaises
  * conflit et affrontement (durcissement des positions)
  * préparation de la négociation et dépassement du conflit
  * instauration d'une nouvelle situation, de nouveaux échanges, de nouveaux rapports de force.

Il est important de rappeler qu'une crise surgit chaque fois qu'il y a : soit un disfonctionnement (dans les rouages institutionnels, dans une production, dans une relation de durée) soit encore un déséquilibre relationnel (l'une des parties ne se sent plus reconnue, payée en retour, elle se sent trop exploitée).

En terme de relation interpersonnelle cela se produit chaque fois qu'il n'y a plus alternance des positions d'influences (positions hautes et basses).

La crise se transforme en conflit souvent par l'inertie des structures en place, par la routine, les habitudes prises, par le refus des parties dominantes de changer, par l'incompréhension, le non échange et le malentendu. Le conflit sera dépassé par la négociation. Mais pour que la négociation puisse se faire, il faudra des facilitateurs, qui seront des moyens à mettre en œuvre de façon rigoureuse et progressive.

— Il s'agira tout d'abord de proposer la rencontre entre les parties — après que chacune d'elle ait pu élaborer un projet. Nous appelons cette phase celle de l'intra-négociation (négociation interne à chaque individu ou groupe) avant celle de l'inter-négociation (négociation entre les individus et les différents groupes).

— Déterminer le lieu de l'entretien afin de satisfaire les exigences et les susceptibilités des négociateurs.

— Déterminer une méthode de travail (élargir le problème) et démystifier les fantasmes mutuels au sujet des menaces, du pouvoir supposé et des intentions prêtées à chacun.

— Rechercher la participation de l'adversaire.

— Ne pas remettre en discussion une décision commune acquise, en créant ainsi des points d'appui communs, utilisables par les deux parties.

Repérer la progression de la négociation (synthèses partielles, usage des tableaux papiers...)

— Commencer à l'heure et respecter les engagements.

— Terminer à l'heure et de préférence sur un objectif atteint.

— Traduire les résultats dans un document ou un écrit transmissible.

3) *Fonction de régulation.* Cette fonction est essentiellement relationnelle, elle s'appuie sur des connaissances psychologiques prenant en compte les notions de pouvoir, d'autorité,

Je vais le convaincre
qu'il doit changer... pour son bien

de rapports de force, d'image de soi... Cette fonction consiste à maintenir de façon favorable les conditions de production et les conditions de facilitation, pour que la négociation puisse avancer.

En matière de négociation la fonction de régulation ne peut porter sur l'analyse du comportement des individus. Elle doit utiliser au contraire un pouvoir de confirmation. Par exemple : « en maintenant votre position le résultat sera celui-là » « en introduisant cette demande nous annulons la décision déjà acquise au point 1 ». La régulation doit porter sur la recherche de cohérence et sur la mise en évidence des conséquences de telle ou telle position affirmée ou retirée. La prise de conscience recherchée ne porte pas sur les personnes, mais sur une meilleure connaissance du problème à résoudre, sur les contraintes qui l'entourent et sur les ressources de chacun.

Pour qu'une négociation se réalise dans les meilleures conditions, les trois fonctions décrites ci-dessus doivent co-exister dans l'entretien, mais cela suppose également comme prémice que chacune des parties arrive dans la situation de confrontation avec un projet. L'espace de négociation sera compris entre le projet A et le projet B. Il y aura reconnaissance des points d'accord minima — ce qu'il y a de commun dans chacun des projets — et des différences. La négociation portera donc sur les différences et la façon de les reconnaître, de les traiter et de les intégrer.

b) *Attitudes*

Quelques tentations chez le négociateur :

* faire d'un différend ou d'un conflit une affaire personnelle (s'identifier au problème).
* vouloir faire perdre l'adversaire, le faire échouer ou le mettre en difficulté, au lieu de l'aider à trouver une solution optimale pour lui, qui tienne compte de ses intérêts, de ses ressources et des nôtres.
* faire passer l'enjeu de l'échec (ou de la victoire) avant la résolution du problème.

> Il est très facile de considérer l'adversaire comme un ennemi, il est beaucoup plus difficile d'avoir de l'estime pour lui. C'est l'estime qui paie... si elle est vraie.

Quelques attitudes profondes nécessaires chez le négociateur :

* attitude de respect et de valorisation de l'adversaire :
— il est intelligent (voire très intelligent — même s'il ne le montre pas)
— il est sensible (voire très sensible), vulnérable (comme vous) ce qui ne veut pas dire fragile.
* Il sait peut-être décoder ce que vous voulez cacher, il est aussi (comme vous) influencé par les messages paradoxaux, par les attitudes de non-congruence...
* il vous sera reconnaissant de ne pas l'avoir humilié, enfermé dans ses contradictions ou ses maladresses.
* vous n'êtes pas obligé de renforcer son pouvoir en lui faisant la guerre ou en créant sans arrêt des rapports de force. Vous pouvez par contre lui prêter un peu de votre pouvoir pour l'aider à se sortir d'une situation difficile. Ce n'est pas en diminuant le pouvoir de l'autre que cela vous en donne davantage.

Si votre choix est celui d'un jeu dur, les attitudes de défense et d'attaque doivent être mûrement réfléchies au préalable : elles tendent à durcir les positions, à fermer les solutions et peuvent aisément amener à l'impasse (il y a risque d'escalade et surtout de perdre de vue les objectifs). On « perd » toujours des plumes, à long terme en faisant la guerre psychologique, en restant dur et intangible sur ses positions, en figeant l'adversaire sur les siennes, en ayant comme objectif implicite de faire perdre totalement l'adversaire pour vaincre totalement.

> Convaincre, ce n'est pas vaincre l'adversaire,
> c'est vaincre avec l'adversaire les difficultés à
> surmonter ensemble.

Quelques attitudes profondes chez l'adversaire.

Même dans des conflits aigus, votre adversaire veut au moins sauver la face et s'en sortir de façon honorable pour lui-même.

Les négociateurs sont des hommes, ils ne supportent pas de tout perdre sans réagir de façon oppositionnelle ou caractérielle et parfois violente. La violence de la réaction à retardement de votre adversaire est souvent à l'image de la défaite que vous lui avez fait subir. Si à la fin de la négociation les positions de déséquilibre sont plus aiguës qu'au début, le conflit se poursuivra sous des formes plus excessives ou plus cachées.

Quelques qualités chez le négociateur.

* Négocier c'est imaginer, génèrer, inventer et proposer des solutions qui procurent un bénéfice mutuel. (On pourrait appeler cela élargir le gâteau avant de le partager).

* Négocier c'est rechercher, avant la prise de décision, le maximum de solutions envisageables. Le temps où l'on cherche ensemble des solutions novatrices (qui sont apparemment farfelues) n'est pas du temps perdu, il permet au contraire de dépasser les critiques, les jugements de valeur, il favorise la rencontre de personne à personne. C'est un moment de créativité.

* Négocier c'est être capable de bon sens et d'humilité. C'est pouvoir rechercher le compromis sans la compromission. C'est se sentir responsable de sa propre ouverture à la fois vers les solutions proposées par l'autre et vers les solutions à créer ensemble.

* Négocier c'est se sentir responsable de l'ouverture de

l'adversaire, en particulier dans les situations tendues, choisir ensemble l'espace, le temps (le territoire comme le temps sont chargés de significations symboliques qui sont à respecter).

En aidant l'adversaire à se définir, à mieux énoncer son propre projet, on lui facilite la tâche quand il devra se prononcer...

Tout cela devant permettre de favoriser un accord judicieux, efficace et à l'amiable.

« C'est lui qui a commencé à me traiter de fils de rien ».

« Non, c'est lui, y m'a tapé ».

Que tente de dire chacun au delà de l'accusation réciproque ?
Comment parvenir à un accord sans disqualifier l'un et l'autre ?

c) *Méthodologie*

Quelques points de repères pour une méthodologie possible de la négociation.

* Traiter séparément les questions de personnes et le différent.

* Identifier le plus rapidement possible les points du conflit et les zones d'intolérance de chacun.

* Se concentrer sur les intérêts en jeu et non sur les positions (qui sont souvent rigides).

* Clarifier ce que chacun recherche.

* Imaginer des solutions qui représentent un bénéfice mutuel, en fonction des projets énoncés.

* Proposer (parfois exiger) des critères objectifs (sortir des impressions, des intentions prêtées, des suppositions...).

* Tenter de ne jamais faire perdre complètement l'adversaire, lui donner la possibilité de gagner aussi, non sur vous, mais par rapport à ses attentes.

* Mettre toutes ses énergies pour parvenir à un accord à l'amiable qui découle d'un concensus qui se dégagera des échanges.

* Ne jamais menacer ou disqualifier l'autre.

Nous pourrions conclure ce petit chapitre en disant que le jeu optimal d'une négociation serait d'inscrire le différend dans son contexte global, en promouvant une attitude d'ouverture réciproque et en établissant une stratégie en fonction et en relation avec les contre-stratégies possibles de l'autre. Cela pourrait s'énoncer ainsi :

Je perds en partie .... l'adversaire gagne en partie.

Je gagne sur une autre .... l'adversaire perd sur partie. cette autre partie.

J'ai autant que possible .... l'adversaire a autant que poursuivi et maintenu possible poursuivi et mes objectifs sur ce qui maintenu ses objectifs sur m'est essentiel, en respec- ce qui lui était essentiel tant mon système de en fonction de son propre valeurs. système de valeurs.

Les entretiens de négociation sont des échanges où la notion de respect et d'humilité doivent cohabiter avec beaucoup de lucidité et de réalisme. Il ne faudra pas craindre de passer du temps à des échanges informels pour créer les conditions porteuses d'un partage et d'un affrontement, afin que se dépassent les conflits.

Dans le contact avec l'autre on est toujours deux. Si l'autre vous cherche ce n'est pas souvent pour vous trouver, mais pour se trouver lui-même. Et ce que vous cherchez chez l'autre c'est encore vous.

Henri Laborie, *L'éloge de la fuite.*

> « Oh celui-là il sait tout... mais il ne sait que ça »

V. RÉFLEXIONS SUR LA COMMUNICATION SYSTÉMIQUE

Nous avons utilisé largement le résumé de notre ami le Dr. Alain Clément à partir du livre de P. Watzlawick, *Une logique de la communication*, Ed. du Seuil.

Ces quelques repères permettront de mieux comprendre les inter-relations (inter-influence, inter-dépendance) qui existent dans toute communication, de se centrer également sur l'élément relationnel qui sous-tend tout échange.

1. — *Concept de « boîte noire »*

Ce concept généralement utilisé en électronique permet d'étudier les relations entre les informations introduites dans une machine et celles qui en sortent sans en connaître la structure interne ; ces relations permettent de comprendre la fonction de la machine dans le système dont elle fait partie (et par là même de saisir le fonctionnement ou une partie du fonctionnement du système).

Ce concept, utilisé pour étudier la communication humaine, nous permet de comprendre les comportements comme des informations adressées au système dont l'individu fait partie, sans connaître la structure intra-psychique de la personne. Pris comme informations adressées à un système, les « symptômes » deviennent « intelligibles » à l'intérieur d'un ensemble dont ils « disent » la dynamique et le sens.

146

Afin de faciliter l'étude de la pragmatique dans les communications humaines, il faut énoncer un certain nombre d'axiomes.

On ne peut pas ne pas communiquer

Comme les paroles, les comportements sont des messages ; il ne peut pas ne pas y avoir de « non-comportements ».

« Je me dis aussi quand je me tais ».

Si, dans un train, je fais comprendre, par mon attitude, à mon voisin que je n'ai pas envie de communiquer, je lui adresse une communication. Je lui communique que je ne veux pas communiquer. Nous ne pouvons pas limiter la communication à l'échange intentionnel, conscient ou réussi.

Savoir s'il y a correspondance entre le message adressé et le message reçu appartient à un autre ordre d'analyse dont nous avons parlé plus haut.

> **Surtout ne croyez pas à mon indifférence, si je vous réponds par du silence.**

Toute communication présente deux aspects : le contenu et la relation

Le contenu est une information transmise. Il peut avoir pour objet tout ce qui est communicable. La relation entre les partenaires nous indique comment comprendre le contenu.
Au niveau de la relation, une ou plusieurs des assertions suivantes sont toujours en jeu.

« C'est ainsi que je me vois... »
« C'est ainsi que je te vois... »
« C'est ainsi que je te vois me voir... »
« C'est ainsi que je vois que tu me vois... »
« C'est ainsi que je vois que tu me vois te voir... »

Et ainsi de suite...

Communiquer c'est la difficile tentative de mettre en commun
ce qui habite chacun en gardant sa différence.

> La nature d'une relation dépend de la ponctuation des séquences de communication entre les partenaires.

Exemple : Un couple aux prises avec un problème conjugal. Le mari adopte une attitude passive, la femme des critiques hargneuses.

— Le mari dit que le repli est sa seule défense contre la hargne de sa femme.

— La femme dit qu'elle critique son mari parce qu'il est passif.

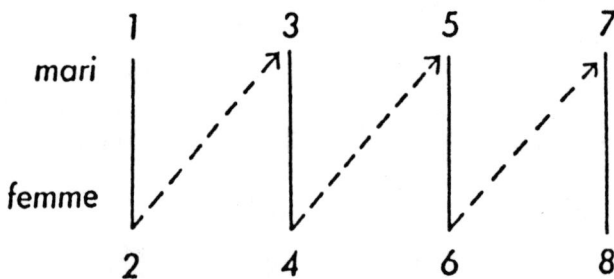

Le mari ne perçoit que les triades 2. 3. 4., 4. 5. 6.
La femme ponctue la séquence des faits selon les triades 1. 2. 3., 3. 4. 5.

> Trop près on étouffe
> Trop loin on ne s'entend pas
> La bonne distance si fragile, si éphémère, qui est à retrouver sans cesse.

Les êtres humains usent de deux modes de communication : digital et analogique. Le langage digital possède une syntaxe logique très complexe et très commode, mais manque d'une sémantique appropriée à la relation. Par contre le langage analogique possède bien la sémantique, mais non la syntaxe appropriée à une définition non-équivoque de la nature des relations.

Les mots font partie du mode digital, il n'y a pas de relation entre le mot et la chose qu'il désigne ; il s'agit d'un système de signes codifiés. Le mot « chat » n'évoque ni la forme ni le cri du chat. Et le mot amour ne dit rien des sentiments qui habitent celui qui dit « aimer ».

La communication non-verbale fait partie du mode analogique, comme la tonalité de la voix, les gestes, les mimiques, etc. C'est le langage privilégié des sentiments, des sensations et du ressenti immédiat.

Le langage analogique est approximatif et peut être ambigu, un sourire peut exprimer la sympathie ou le mépris. Un regard peut être chargé de multiples significations et être reçu encore autrement.

Une difficulté de la communication réside souvent dans la traduction d'un mode dans un autre.

Tout échange de communication est symétrique ou complémentaire, selon qu'il se fonde sur l'égalité ou la différence.

L'interaction symétrique est basée sur l'égalité ou la minimisation de la différence.

« *Tu dis oui et je pense que tu es d'accord comme moi. Je donne à ton oui le même sens que je donne au mien* » [1].

---

1. Cela donne lieu à des malentendus quand il s'agit d'engagement, de projet, de décisions...

L'interaction complémentaire est basée sur la maximalisation de la différence.

« *Je ne comprends pas que tu apprécies cette personne, tu lui fais trop confiance. Mois je ne pourrai jamais me confier à elle* ».

Les positions relationnelles ne peuvent être simultanément équivalentes. Elles sont toujours en déséquilibre [1]. A chaque instant d'une relation, un des partenaires occupe la position « haute » et l'autre la position « basse », avec plus ou moins d'intensité.

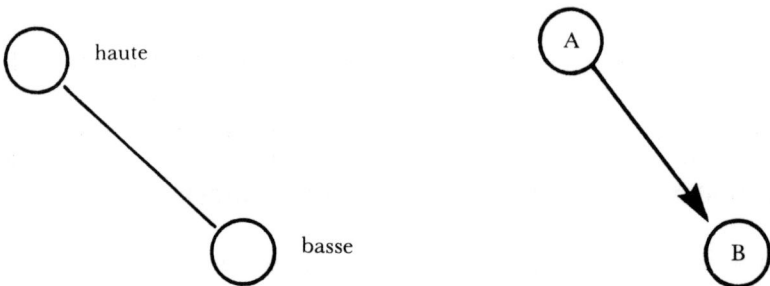

Ces positions « haute » ou « basse » ne sont pas synonymes de plus fort ou de plus faible, de bon ou de mauvais, mais situe la direction dominante de l'influence. A est en position haute s'il influence B.

Ce n'est pas toujours l'un des partenaires qui impose une relation complémentaire à l'autre ; chacun d'eux va se comporter d'une manière qui présupposera et en même temps justifiera le comportement de l'autre ; leurs définitions de la relation sont concordantes même s'ils en sont insatisfaits. (C'est ce qui explique que nous entretenons parfois, avec beaucoup d'énergie et de constance, des modes de relations dont nous souffrons).

Tout système relationnel satisfaisant ou insatisfaisant suppose la collaboration des protagonistes impliqués dans le système. Cette collaboration n'est pas toujours volontaire ou consciente.

---

1. L'équilibre sera la recherche du moindre déséquilibre ou l'alternance entretenue.

2. — *Définition de soi*

Il semble que la communication ait pour fonction, de construire sans cesse une définition de soi (affirmation ou disqualification) et de la proposer aux autres.

L'homme a besoin de communiquer avec autrui pour parvenir à la conscience de lui-même.
La rencontre de soi passe par la rencontre avec l'autre.

Un individu X offre à un individu Y une définition de soi-même. Il peut le faire d'une infinité de manières ; mais quel que soit le contenu de la communication, le prototype de sa méta-communication sera :

« *Voici comment je me vois* », complété parfois par
« *Voici comment j'aimerais être vu* ».

L'individu Y aura trois réactions possibles à la définition que X donne de lui-même.

* Confirmation

Il peut confirmer la définition que X donne de lui-même. L'homme a besoin d'être confirmé dans ce qu'il est et dans ce qu'il peut devenir, par les autres hommes.

* Rejet

Il peut rejeter la définition que X donne de lui-même. Le rejet, si pénible soit-il, présuppose que l'on reconnaisse ce que l'on rejette, il nécessite l'entrée en relation.

* Déni

Le déni ne porte plus sur la vérité ou la fausseté de la définition que X donne de lui-même. Il nie la réalité de X en tant que source de cette définition. Il nie son existence. Cette position est particulièrement pernicieuse (elle conduit à la folie, à la dépression) dans les relations proches et de longue durée.

3. — *La communication paradoxale*

Un paradoxe est une contradiction logique venant au terme d'une déduction, à partir de prémices correctes.

Il existe trois types de paradoxes :

1. Les paradoxes logico-mathématiques (antinomies).
2. Les définitions paradoxales (antinomies sémantiques).
3. Les paradoxes pragmatiques (injonctions paradoxales et prévisions paradoxales).

Les paradoxes pragmatiques nous intéressent directement, en raisons de leurs implications sur le comportement.

Un exemple nous aidera à mieux comprendre.

* — Dans un village il y a un barbier qui rase tous les hommes qui ne se rasent pas eux-mêmes.

Il s'agit d'une définition paradoxale, car si l'on veut classer le barbier, soit dans les hommes qui se rasent eux-mêmes, soit dans ceux qui ne se rasent pas eux-mêmes, on en déduit que le barbier n'existe pas.

Si le barbier est un soldat à qui son capitaine ordonne de raser tous les hommes qui ne se rasent pas eux-mêmes, nous avons une injonction paradoxale qui se définit par :

— Une forte relation de complémentarité (officier-soldat).

— Dans le cadre de cette relation, on doit obéir à cette injonction, mais il faut désobéir pour obéir.

— Le soldat est enfermé dans cette injonction, il ne peut en sortir qu'en méta-communiquant, mais cela reviendrait à une insubordination.

Ce type de paradoxe est aussi appelé : « double contrainte ».

Elle se définit :

— Deux ou plusieurs personnes sont engagées dans une relation intense qui a une valeur vitale (ex. famille).

— Un message est émis, qui est structuré de manière telle que :

    a) il affirme quelque chose
    b) il affirme quelque chose sur sa propre affirmation
    c) ces deux affirmations s'excluent.
    Exemple : « Sois spontané ».

Le récepteur du message est mis dans l'impossibilité de sortir du cadre fixé par le message, soit par méta-communication, soit par le repli.

Et cette femme qui écrit :

« Oh moi, je n'ai pas de problème de communication avec mon mari, on ne se parle jamais »

Elle veut dire par là qu'ils ne se disputent pas. Souvent la bonne communication est comprise comme le fait de s'entendre « bien », de se mettre « d'accord », d'éviter les conflits et les oppositions. Mais en même temps elle entérine une situation de tensions et de frustrations.

« Ça ne sert à rien de lui parler, il ne répond jamais ».

> **Certains mots ont le pouvoir magique de signifier beaucoup et de ne rien dévoiler... ainsi en est-il du mot communication.**

Ne pas confondre apprendre à communiquer
et apprendre à convaincre.

VI. QUELQUES CARACTÉRISTIQUES COMMUNES AUX RELATIONS D'AIDE

Nous avons repris ce qui, pour Carl Rogers [1], est essentiel dans une relation d'aide.

LA RELATION
D'AIDE

« L'intérêt que je porte à la psychothérapie m'a conduit à m'intéresser à tous les genres de relation d'aide. J'entends par ce terme des relations dans lesquelles l'un au moins des deux protagonistes cherche à favoriser chez l'autre la croissance, le développement, la maturité, un meilleur fonctionnement et une plus grande capacité d'affronter la vie ». L'autre dans ce cas, peut être soit un individu, soit un groupe. On pourrait encore définir une relation d'aide comme une situation dans laquelle l'un des participants cherche à favoriser chez l'une ou l'autre partie, ou chez les deux, une appréciation plus grande des ressources latentes internes de l'individu, ainsi qu'une plus grande possibilité d'expression et un meilleur usage de ces ressources.

FAVORISER
CHEZ L'AUTRE
LA CROISSANCE

Or, il est clair qu'une telle définition recouvre toute une série de relations dont le but général est de faciliter la croissance. Sans aucun doute, elle comprend les relations de la mère et du père avec leur enfant, comme celle du médecin avec son malade. La relation entre maître et élèves devrait s'inclure dans cette définition, bien que certains maîtres n'aient pas toujours pour but de favoriser la croissance.

---

1. Consulter aussi C. Rogers, *Le développement de la personne »*.

Dans tous les cas, il s'agit de relations entre deux individus. Cependant, il ne faut pas oublier le grand nombre d'inter-actions individu-groupe qui visent à être des relations d'aide.

MES ATTITUDES
ET MES SENTIMENTS
SONT PLUS
IMPORTANTS
QUE MON
ORIENTATION
THÉORIQUE

Les attitudes et les sentiments de l'aidant importent bien plus que son orientation théorique. Son processus et ses techniques sont moins importants que ses attitudes. Il faut noter également que c'est la façon dont ses attitudes et ses processus sont perçues qui compte pour le client, et que cette perception est souvent versatile. Elle devra donc être clarifiée fréquemment.

Les attitudes qui consistent à se refuser en tant que personne et à traiter autrui comme objet, ont peu de chances d'être aidantes.

1. *Comment créer une relation d'aide*

Les dix questions que se pose C. Rogers et les réponses qu'il apporte :

1. Puis-je arriver à être d'une façon qui puisse être perçue par autrui comme étant digne de confiance, comme sûr et conséquent au sens le plus profond ?

J'ai fini par comprendre qu'être digne de confiance n'exige pas que je sois conséquent d'une manière rigide mais simplement qu'on puisse compter sur moi comme un être réel. J'ai employé le mot « congruent » pour désigner ce que je voulais être. J'entends par ce mot que mon attitude, ou le sentiment que j'éprouve, quels qu'ils soient, seraient en accord avec la conscience que j'en ai. Quand tel est le cas, je deviens intégré et unifié, et c'est alors que je puis être ce que je suis au plus profond de moi-même. C'est là une réalité qui, en référence à mon expérience, est perçue par autrui comme sécurisante.

PUIS-JE ÊTRE
CONGRUENT

2. Examinons une question très proche de la première : mon expression du moi-même peut-

COMMUNIQUER
SANS
AMBIGUITÉ

elle être telle que je puisse communiquer sans ambiguité l'image de la personne que je suis. Il me semble que presque chaque fois que j'ai échoué dans une relation d'aide, mon échec a été dû à une réponse insatisfaisante à ces deux questions.

3. Il y a une troisième question : suis-je capable d'éprouver des attitudes positives envers l'autre : chaleur, attention, affection, intérêt, respect ?

PUIS-JE ME LAISSER
ALLER À DES
SENTIMENTS
POSITIFS ENVERS
L'AUTRE

Cela n'est pas facile. Je découvre en moi-même, et devine souvent chez les autres une certaine crainte à l'égard de ces sentiments. Nous redoutons d'être pris au piège si nous nous laissons aller à éprouver librement ces sentiments envers une autre personne.

4. Il y a une autre question dont ma propre expérience m'a prouvé l'importance : puis-je avoir une personnalité assez forte pour être indépendant de l'autre ? Suis-je capable de respecter bravement mes propres sentiments, mes propres besoins aussi bien que les siens ? Puis-je posséder, et à la rigueur exprimer, mes propres sentiments comme une chose qui m'appartient en propre et qui est indépendante de ses sentiments à lui ? Suis-je assez fort dans ma propre indépendance pour ne pas être déprimé par sa dépression, angoissé par son angoisse ou englouti par sa dépendance ? Mon moi intérieur est-il assez fort pour sentir que je ne suis ni détruit par sa colère, ni absorbé par son besoin de dépendance, ni réduit en esclavage par son amour, mais que j'existe en dehors de lui, avec des sentiments et des droits qui me sont propres ? Quand je peux librement ressentir cette force qu'il y a d'être une personne séparée, alors je découvre que je peux me consacrer plus entièrement à comprendre autrui et à l'accepter parce que je n'ai pas la crainte de me perdre moi-même.

PUIS-JE RESTER
MOI-MÊME

5. La question suivante est étroitement liée à ce que je viens d'exposer. Ma sécurité interne est-elle assez forte pour lui permettre, à lui, d'être

SUIS-JE CAPABLE
DE LUI PERMETTRE
D'ÊTRE CE QU'IL
EST

indépendant ? Suis-je capable de lui permettre d'être ce qu'il est — sincère ou hypocrite, infantile ou adulte, désespéré ou présomptueux ? Puis-je lui accorder la liberté d'être ? Ou bien est-ce que je ressens qu'il devrait ou suivre mes conseils, ou demeurer quelque peu dépendant de moi, ou encore me prendre pour modèle ?

ÊTRE EN EMPATHIE
AVEC L'AUTRE
ABANDONNER
JUGEMENT
ET PROJET
SUR L'AUTRE

6. Il y a une autre question que je me pose : puis-je me permettre d'entrer complètement dans l'univers des sentiments d'autrui et de ses conceptions personnelles, et les voir sous le même angle que lui ? Puis-je pénétrer dans son univers intérieur assez complètement pour perdre tout désir de l'évaluer ou de le juger ? Puis-je entrer avec assez de sensibilité pour m'y mouvoir librement sans piétiner des conceptions qui lui sont précieuses. Puis-je comprendre cet univers avec assez de précision pour saisir non seulement les conceptions de son expérience qui sont évidentes pour lui, mais aussi celles qui sont implicites et qu'il ne voit qu'obscurément ou confusément ? Je pense à un client qui me disait : « Chaque fois que je trouve quelqu'un qui, à un moment donné, comprend une partie de moi-même, j'en arrive toujours à un point où je sais qu'il a cessé de me comprendre... Ce que je cherche désespérément, c'est quelqu'un qui se comprenne « lui-même ».

ACCEPTER MES
PROPRES
SENTIMENTS

7. Autre point : Suis-je capable d'accepter toutes les facettes que me présente cette personne ? Puis-je la prendre comme elle est ? Puis-je lui communiquer cette attitude ? Ou ne puis-je l'accueillir que conditionnellement, acceptant certains aspects de ses sentiments et en désapprouvant d'autres tacitement ou ouvertement ? D'après mon existence, lorsque mon attitude est conventionnelle, le client ne peut changer ou se développer dans les aspects de sa personnalité que je ne peux complètement accepter. Et quand plus tard, et quelquefois trop tard, je cherche à découvrir pourquoi j'ai été incapable de l'accepter avec toutes ses composantes, je m'aperçois généralement que c'est parce que j'ai eu peur ou que je me suis senti menacé en moi-même par quelque aspect de ses sentiments. **Pour être plus « aidant », il faut que je me développe moi-**

« Enfin je me sens reconnue et acceptée telle que je suis,
donc je peux me reconnaître, moi aussi, et m'accepter telle que je suis ».

même et que j'accepte ces sentiments en moi-même.

SUIS-JE PERÇU COMME NON MENAÇANT

8. Un problème très pratique est soulevé par la question : suis-je capable d'agir avec assez de sensibilité dans cette relation pour que mon comportement ne soit pas perçu comme une menace ?

9. Il existe un aspect spécifique mais important de la question précédente : puis-je le libérer de la crainte d'être jugé par les autres ?

LE RENDRE LIBRE DE TOUT

Presque dans toutes les phases de notre vie — à la maison, à l'école, au travail — nous dépendons des récompenses et des punitions qui sont les jugements d'autrui : « c'est bien », « c'est vilain », « cela vaut dix », « cela vaut zéro ». « C'est de la bonne psychothérapie », « c'est de la médiocre psychothérapie ». De tels jugements font partie de notre vie depuis l'enfance jusqu'à la vieillesse. Je crois qu'ils ont une certaine utilité sociale dans des institutions et des organisations telles que les écoles ainsi que dans la vie professionnelle. Comme tout le monde ; je me surprends trop souvent à porter des jugements. Mais, d'après mon expérience, ils ne favorisent pas le développement de la personnalité, et par conséquent je ne crois pas qu'ils fassent partie d'une relation d'aide. C'est assez curieux, mais un jugement positif est aussi menaçant en fin de compte qu'un jugement péjoratif, puisque dire à quelqu'un qu'il agit bien suppose que vous avez aussi le droit de lui dire qu'il agit mal. Aussi j'en suis venu à penser que plus je peux maintenir une relation sans jugement de valeur, plus cela permettra à l'autre personne d'atteindre le point où elle reconnaîtra que le lieu du jugement, le centre de la responsabilité réside en elle-même. Le sens et la valeur de son expérience dépendent uniquement d'elle, et aucun jugement extérieur ne peut rien changer à cela. Aussi j'aimerais m'efforcer d'arriver à une relation où je ne juge pas autrui en mon for intérieur. Je crois que c'est là ce qui peut le libérer, faire de lui une personne qui prend ses propres responsabilités.

IL EST EN DEVENIR

10. Une dernière question : suis-je capable de voir

LUI AUSSI...
NOUS LE SOMMES
COMME TOUT ÊTRE
L'UN PAR RAPPORT
À L'AUTRE

cet autre individu comme une personne qui est en devenir, ou vais-je être ligoté par son passé et par le mien ?

Si j'accepte l'autre comme quelque chose de figé, déjà diagnostiqué et classé, déjà formé par son passé, je contribue ainsi à confirmer cette hypothèse limitée. Si je l'accepte comme processus de devenir, alors je fais ce que je peux pour confirmer ou réaliser ses potentialités.

> le recevoir
> c'est être présent
> dans le présent.

> **Il faut aussi parler de ce que l'on ne connaît pas... C'est plein de surprises.**

2. — *Aspects significatifs de l'empathie*

L'empathie est l'ensemble des signaux qui circulent dans toute relation où une personne facilite le développement ou la croissance d'une autre, et l'aide à mûrir, à s'adapter, à s'intégrer, ou à profiter de sa propre expérience.

A mon point de vue, vous manifestez ou vous cherchez à manifester de l'empathie,

* Lorsque vous convenez qu'une personne est plus pleinement et plus adéquatement vivante et plus productrice si elle se connaît et s'évalue elle-même. Si elle a conscience de ses sentiments, de ses attitudes et de ses motifs immédiats. Si elle se découvre progressivement à la lumière de sa propre expérience, au lieu de chercher à garder et à préserver une image préconçue de ce qu'elle devrait être. Si elle se fie à ses propres capacités, se repose sur celles-ci et se sent responsable de ses actions. Si elle est honnête avec elle-même, et se présente aux autres telle qu'elle est.

* Lorsque vous désirez faire partager ces mêmes caractéristiques aux gens avec qui vous vivez, par exemple comme

professeur, conseiller, médecin ou ministre, ou même comme père ou mère, conjoint ou ami.

Chaque fois que nous enseignons à une classe d'enfants ou d'adultes, que nous servons de guide dans un contact direct, continu, avec un groupe de gens, que nous conférons avec nos collègues ou camarades, ou que nous parlons sur le plan personnel et sans cérémonie avec des amis, nous pouvons dire que l'interaction a une certaine valeur positive ou négative touchant le niveau d'empathie possible.

Pour parler de façon plus simple, nos relations avec les autres peuvent être ouvertes ou réductrices, utiles ou inutiles, stimulantes ou inhibitrices. Elles ne sont pas neutres. Elles seront porteuses d'un courant, d'un mouvement qui les amplifiera et les reliera à quelque chose de plus vaste que l'univers personnel des deux « communicants ».

L'empathie fait surgir cette dimension supplémentaire chaque fois que sont réunis les six aspects suivants :

a) *Compréhension empathique*

L'aidant ou l'assistant comprend l'autre personne du point de vue même de celle-ci. Il reconnaît ou sent ce qui est réel ou significatif pour elle, à un moment donné. Il cherche à savoir comment l'autre personne voit les choses, ce qu'elle ressent d'elle-même, quelle est son attitude subjective vis à vis de tout aspect de sa vie. Il est capable de sentir ou de déduire les intentions et les sentiments conscients qui sous-tendent le comportement extérieur de l'autre. En réalité, il vit aussi dans un certain sens, l'expérience de l'autre, *bien qu'il ne confonde pas les sentiments et perceptions de l'autre avec les siens propres.*

Maintenir une distinction nette entre sa propre façon de voir les choses et la façon de voir d'une autre personne me paraît, en empathie, très important, très stimulant et souvent difficile. *L'expérience accumulée en ce genre de relation fait ressortir le fait que nous pouvons rarement être bien sûrs de ce qu'une autre personne veut dire ou ressent exactement.*

Nous réagissons selon la meilleure idée que nous avons de

ce que l'autre veut dire à ce moment là, et nous restons toujours disposés à corriger et à modifier notre jugement. Cela, non seulement augmente la possibilité de comprendre exactement les pensées et les sentiments immédiats de l'autre personne, mais contribue à la libérer, à lui permettre de changer sa manière de percevoir ou de formuler son expérience, d'examiner d'autres possibilités, et de découvrir à son expérience une signification nouvelle, plus profonde, plus intégrée et valable sur le plan personnel.

J'appellerais compréhension *empathique* ce premier aspect de l'empathie. Le mot empathie a un sens qui ressemble à celui du terme familier et respecté de sympathie, mais, pour moi, il en diffère quelque peu. Les deux termes évoquent l'intérêt que l'on porte à l'autre, et l'effort que l'on fait pour l'atteindre.

L'empathie suppose que vous saisissez comment l'autre se sent intérieurement, comment sont les choses pour lui. Mais ce mot ne signifie pas que les pensées, les sentiments ou les difficultés de l'autre deviennent vôtres. Cela exclut le processus d'identification, par lequel vos sentiments ou soucis personnels ressemblant à ceux de l'autre personne « prendraient le dessus » et deviendraient peut-être à votre insu, les véritables mobiles de vos réactions.

> **C'est en faisant sien le problème de l'autre que l'on multiplie ses difficultés.**

Autrement dit, l'empathie suppose que nous sommes en syntonie, sur la même longueur d'ondes que l'autre personne, et que nous recevons son message tel qu'elle le communique. Cela ne signifie pas que nous amplifions, transmettons ou poursuivons en nous-même ce que l'autre a commencé. C'est là cependant, à mon avis, ce que le mot « sympathie » englobe jusqu'à un certain point.

La sympathie nous porte souvent à rassurer l'autre personne. Même si la tendance à rassurer est une réaction courante et compréhensible, est-ce vraiment aider quelqu'un que de lui dire que son anxiété ou son inquiétude ne lui apportent rien de bon, que ses soucis n'ont aucun fondement dans la réalité, ou que d'autres éprouvent les mêmes difficultés ?

Rassurer avec sympathie peut réconforter le sympathisant [1], mais je me demande si la personne ainsi rassurée en retire plus qu'un soulagement temporaire ou superficiel.

> « Quelqu'un que me fait bander l'esprit...
>
> Jean Cocteau

b) *Croyance en l'autre*

L'autre possède ses propres forces de croissance, son mouvement de vie et les ressources de son histoire, l'empathie développe cette croyance et s'appuiera sur elle.

● L'autre personne possède au fond d'elle-même une tendance à croître et à développer au maximum ses possibilités.

● Ses mobiles et ses perceptions constituent pour elle une base sûre d'action utile, à moins que nous la réduisions à la défensive.

● Nous ne pouvons pas vraiment porter ses responsabilités [2] (bien que nous puissions être profondément responsable de notre conduite envers elle).

● Nous pouvons faciliter et entretenir son aspiration fondamentale à un développement intégré plus vaste. Toutefois, tout effort tenté pour faire naître ou mettre en œuvre cette motivation est fatalement voué à l'échec. Nous devons simplement la reconnaître sans en contrarier le développement. Cela rejoint le pouvoir de confirmation que l'aidant peut avoir dans une relation. Réveiller les

---

1. La sympathie apaise surtout l'aidant.

2. Chacun est responsable de ses propres sentiments.
Chacun peut prendre la responsabilité de ce qu'il éprouve.

énergies parfois endormies ou bloquées suffit à relancer dans la vie ou à accélérer le courant de nos élans, de nos intérêts ou de nos enthousiasmes défaillants.

c) *Intérêt et respect sans réserve*

Un troisième aspect réside dans un intérêt et un respect profonds pour l'autre personne. Fort de son expérience en psychothérapie, le Dr. Carl Rogers, dit comme il est difficile de s'attacher ainsi à une autre personne :

« Puis-je en arriver, envers cette autre personne, à une attitude positive — chaleur, attachement, amour, intérêt, respect ? Ce n'est pas facile. Je constate chez moi, et je crois déceler souvent chez les autres une certaine peur de ces sentiments. Nous craignons de nous faire prendre au piège, si nous nous laissons librement aller à des sentiments positifs envers les autres. Ils peuvent nous en imposer. Cela peut nous exposer à des exigences, ou nous risquons de voir notre confiance trompée, autant de choses que nous redoutons. Par réaction, nous cherchons à garder nos distances vis à vis des autres — à garder la réserve, attitude « professionnelle », des relations impersonnelles... C'est un véritable exploit, que d'apprendre, même au cours de certaines relations ou à certaines phases de ces relations, que nous pouvons en toute sécurité nous attacher à autrui, ou entretenir des sentiments positifs envers une autre personne ».

L'intérêt et le respect débouchent souvent sur la tendresse et l'affection que vont éprouver l'un pour l'autre, l'aidant et l'aidé.

> C'est l'autre qu'il faut prendre au sérieux plus que soi-même.

d) *Acceptation de l'autre*

Ce quatrième aspect est étroitement lié au précédent. Notre respect et notre attachement pour l'autre sont sans réserve. Nous n'y mettons aucune condition. L'autre personne n'a pas besoin de gagner notre approbation ou notre sympathie en exprimant ou en supprimant certains désirs, en affichant telles attitudes et croyances plutôt que telles autres, en étant une telle sorte de personne plutôt que telle autre. Nous n'imposons aucune condition, aucune obligation, nous n'attachons pas une importance particulière à tel genre de sentiment ou de comportement.

De cette manière l'autre à toute liberté d'être ce qu'il est le plus profondément et le plus complétement à ce moment là. Il constate, dans ses relations avec vous, qu'il n'y a aucun danger à s'affronter lui-même ouvertement, à percevoir et à admettre les faiblesses qu'il voit en lui-même, tout comme son désarroi ou ses craintes. De même, il peut explorer et découvrir plus à fond ce qu'il aime vraiment chez lui-même ou chez les autres.

Ce dont il fait l'expérience peut devenir plus pleinement la source de ce qu'il sent et pense. Il peut se faire logique ou illogique. Il peut fuir ou affronter la crainte ou la douleur. Il peut être triste et désespéré ou joyeux et exalté, amer et fâché ou aimant et généreux. Il peut être, en sentiments et en paroles, tout ce qui lui a semblé bon ou mauvais. Il peut arriver à se connaître lui-même et faire un choix conscient qui soit maintenant le sien. Il peut y réussir parce qu'il se sent évalué pour ce qu'il est à un moment donné et non par une norme, celle de laquelle il se rapprocherait ou s'éloignerait, celle à laquelle nous aimerions qu'il réponde.

Nous avons tellement l'habitude, pour la plupart, de donner ou de recevoir des récompenses pour certains genres de comportements et de sentiments, à l'exclusion d'autres genres, qu'il nous est très difficile d'éprouver un respect et un attachement positifs et profonds pour une autre personne non sujette à des conditions ou réserves. Voilà peut-être un objectif que nous pourrions nous efforcer d'atteindre. Si nous pouvons nous en rapprocher, nous serons probablement récompensés, en constatant chez l'autre personne le développement et le changement qui s'inscrivent durablement en elle.

> **Je suis sûr de la sincérité de mes sentiments. Je ne suis pas sûr de leur justesse.**
>
> Marivaux

e) *Etre accessible*

Le cinquième aspect de l'empathie, s'appelle la disponibilité. Je veux dire par là que l'aidant est prêt à communiquer des façons de voir qui émanent de lui-même, lorsque l'autre désire réellement ce genre de communication. En même temps, il maintient une nette distinction entre ses propres pensées et les pensées et sentiments de l'autre. C'est peut-être dans les relations familiales et dans l'enseignement que cet aspect est surtout manifeste.

Dans son désir de découvrir et de comprendre de plus en plus le monde qui l'entoure, l'enfant ou l'adulte peut désirer ardemment connaître nos perceptions, nos connaissances ou nos idées sur les événements qui l'intéressent ou le préoccupent immédiatement. Quel résultat différent pour lui s'il partage ces choses parce qu'**il le veut** et non pas parce que nous avons décidé qu'il doit ou devrait les connaître !

Les pensées et les perceptions que nous communiquons, dans ce cas, s'évaluent plus en raison du partage de notre vécu, de notre témoignage que d'après leur teneur intrinsèque [1]..

Mais lorsque nous communiquons nos idées, nos sentiments et nos connaissances en faisant voir que c'est là une réalité ou une vérité que l'autre doit connaître et comprendre pour son propre bien, nous violons ou rejetons, je crois, l'empathie.

> « Quelqu'un de présent c'est quelqu'un qui montre plutôt ce qu'il est que ce qu'il sait ».

f) *Etre conséquent ou en état de congruence*

Enfin il y a l'invitation à être sincère ou simple à l'égard de l'autre personne. S'il importe beaucoup de manifester une compréhension empathique, un respect et un intérêt

---

1. C'est toute la force du témoignage, quand un des parents peut parler de lui comme une personne, quand il peut se signifier à l'enfant dans ce qu'il a découvert, éprouvé ou ressenti dans telle ou telle situation de vie.

sans condition, et une généreuse accessibilité, je crois tout aussi important de n'afficher aucun de ces sentiments, si nous ne les ressentons pas vraiment.

En règle générale, extérioriser une certaine réaction quand intérieurement j'en éprouve une autre, ne fait qu'embrouiller l'autre personne. Celle-ci ne sait pas, par exemple, si elle doit s'en tenir aux mots, au ton de la voix, à l'expression ou aux gestes. Elle se sentira probablement mal à l'aise, peut-être sans savoir pourquoi. Si je persiste, elle en viendra sans doute à se méfier de moi et à communiquer de façon de plus en plus superficielle avec moi. Même si je suis assez bon acteur pour la duper une fois, j'ai bien peur que mon manque de simplicité se retourne contre moi. Je puis commencer à me leurrer moi-même, à perdre conscience de mon propre illogisme. J'aurais alors besoin d'une véritable empathie pour m'aider à refaire ma propre unité ou cohérence.

Si nous sommes conséquents, nous devenons parfaitement unifiés et entiers. Notre expérience fondamentale (notamment nos sensations, impulsions, désirs et besoins principaux), notre connaissance consciente et notre communication extérieure seront stables. Une telle logique intérieure peut signifier que nous sommes maintenant inconséquents avec ce qui était avancé hier, parce que notre expérience et nos sentiments actuels diffèrent de ceux d'alors. Si nous sommes réellement conséquents, nous donnons l'impression d'être congruents (en accord) et fiables. L'autre a le sentiment qu'il peut se confier à nous, parce qu'il voit que nous nous confions vraiment à lui avec ce que nous sommes, avec notre cheminement et notre propre évolution.

Voici comment peuvent se résumer mes réflexions sur les qualités de l'empathie, et en particulier sur la fidélité à soi-même. Au mieux, cette fidélité se traduit par des attentions, une compréhension, une acceptation et une disponibilité profondes. L'autre nous apparaît comme fondamentalement autonome et responsable. Mais même s'il n'en va pas toujours ainsi, nous pouvons rester ouverts et disposés à révéler nos réactions véritables à l'interlocuteur, en admettant nos aversions, nos réticences et nos incompréhensions passagères quand il y a lieu.

Je n'accepte ton aide que si je peux t'aider à m'aider.

Combien il est important
de partager,
d'échanger sur nos peurs
et non de les ramollir,
de les réchauffer, de les diluer.
Elles sont là présentes,
elles font partie de nous
à chaque tentative de communication.

> Il y a quatre sortes de disciples.
>
> • Les éponges qui gardent tout, le bon et le mauvais
> • Les tamis qui gardent le mauvais et laissent passer le bon
> • Les filtres qui recueillent le bon en le séparant du mauvais
> • Les entonnoirs qui laissent tout passer, le mauvais comme le bon.
>
> Lequel es-tu ?

VII. AUTRES RÉFLEXIONS SUR LA COMMUNICATION ET L'ÉCHANGE DANS UNE RELATION D'AIDE

1. — *Quelques propositions sur le dialogue*
(d'après Martin Buber)

Le dialogue s'oppose au monologue. Il n'y a pas de dialogue sans un échange dans lequel l'un écoute et l'autre s'exprime. Cela participe du donner et du recevoir, mais aussi de la mobilité des positions comme émetteur et comme récepteur. Le dialogue suppose la réciprocité et une certaine qualité dans le proposé et le reçu.

Fondamentalement le dialogue est une interrogation mutuelle, il implique l'acceptation d'une mise en question de l'un par l'autre, et donc aussi l'acceptation d'un certain risque, celui de changer, d'être influencé, donc de risquer de perdre la sécurité du savoir, des références habituelles et des croyances. Il suppose l'acceptation d'autrui en son altérité, la reconnaissance de sa différence, l'acceptation que l'autre soit autre. Le dialogue suppose une capacité évidente à se définir, à s'affirmer.

Nous le mettons quotidiennement en évidence :
De nombreux conflits, de nombreuses souffrances rela-

tionnelles sont liées à une double difficulté, celle de ne pas pouvoir se définir, ou celle de se définir sur un mode trop rigide qui ne laisse pas de place à l'échange ou au partage.

Ce qui empêche qu'il y ait dialogue, c'est l'auto-affirmation, l'auto-justification, la non-confiance en considérant autrui avec méfiance, mépris et agressivité. La polémique n'accepte aucune mise en question, elle cherche uniquement à avoir raison contre l'autre, raison sur l'autre.

La controverse est encore une forme de dialogue, la polémique ne l'est plus.

Dialoguer en Apposition plutôt qu'en Opposition c'est mettre son point de vue à côté ce celui de l'autre et non... sur celui de l'autre.

Les grands ennemis du dialogue seront : l'attitude de puissance (par affirmation ou dénégation), l'esprit de corps, la directivité, la réduction des convictions à une réalité sociologique ou historique. Dès lors on se défend ou on attaque, l'autre est un ennemi, un danger ou bien il est à conquérir, à amener à nos positions. Au contraire, le respect de l'autre dans son altérité et dans sa liberté, le respect de soi-même par l'énoncé de sa position, sont des conditions fondamentales au dialogue.

Le dialogue dont nous parlons est tout autre chose que la conversation mondaine, laquelle relève du divertissement ou d'une certaine manière de se faire valoir. Notre dialogue n'a de sens qu'en vue d'une certaine croissance dans une recherche de vérité à la fois pleine et plus ouverte. Cette croissance est alors poursuivie, non par la voie de l'étude ou de la recherche solitaire, mais par celle d'une mise en question mutuelle.

Pour apprendre quelque chose en dialoguant, il faut que le dialogue ait des alliés et des supports.

En premier lieu, le ressourcement (se renouveler et se remettre en question), en second lieu la capacité de relativiser par un abordage historique (séquentiel) des questions. Le ressourcement par l'interpellation des autres cultures, d'autres approches et l'abordage historique exercent une fonction critique, tout comme le dialogue.

De plus, le dialogue ne doit pas être purement académique, il se doit d'être vivifié par le partage des vécus, par le témoignage des « témoins ». Il se doit de respecter les délais nécessaires à un travail d'élaboration à la maturation des idées, à l'acceptation des résultats déjà acquis par d'autres. Il doit parfois concilier des désirs et des contraintes en visant à des objectifs (se faire entendre, comprendre). Ces objectifs ne sont pas ceux d'un seul. Le dialogue doit chercher à dégager des convergences et à mieux positionner des différences. Mais la notion « d'objectif » mériterait aussi quelques réflexions.

Quels objectifs formels et informels se développent dans un dialogue ?... Qui les énonce ?

Apprendre à différencier objectifs de finalités et objectifs de moyens.

Les objectifs de finalités seront ceux qui motivent nos conduites d'intention, nos projets et nos choix. Les objectifs de moyens nous confrontent sans cesse à la réalité de nos contraintes, de nos ressources et de nos contradictions.

> La réciprocité n'est pas un droit que j'ai sur toi,
> c'est une attente.

2. Quelques pièges dans la relation d'aide ou d'accompagnement

La relation d'aide est une relation pleine d'ambiguïté, parsemée de phases de progression, de stagnation ou de régression. Les sentiments des protagonistes vont se charger de quelques-unes des répétitions ou des pollutions de la problématique qu'ils veulent dépasser (ou maintenir inchangée).

L'Aidé va tenter, dans certaines phases de la relation, de mettre à l'épreuve l'aidant. Par exemple il va tout faire pour garder le contrôle de la relation en essayant d'éviter la responsabilité de ses actes, de ses sentiments et de ses pensées.

Beaucoup de pièges ainsi construits auront pour but de contrôler la relation afin de ne pas changer (garder les mêmes gains avec le minimum de charges). Par ces pièges, l'aidé va éviter de prendre la responsabilité de son propre changement. Tout se passe comme s'il préférait rester dans le connu (même s'il est insatisfaisant), que d'aller vers l'inconnu (trop insécurisant). Tout se passe comme si la souffrance (moteur possible à un changement) n'était pas suffisante pour entraîner un renoncement aux gains ou aux « avantages » ritualisés [1] dans une situation connue... et entretenue (Il nous faut rappeler cette évidence, qu'un système relationnel aussi souffrant, aussi douloureux soit-il... a besoin, pour survivre de la collaboration de tous les protagonistes, bourreaux, victimes, spectateurs...).

a) *Jeux et pièges fréquemment observés du côté de l'aidé*

• La demande irrecevable :

L'Aidé à l'aidant :	« J'ai envie de te voir souvent, que tu t'occupes plus sérieusement de moi ou d'aller plus loin avec toi, d'établir une relation suivie (voire faire l'amour avec toi).
L'aidant :	« Je comprends bien, j'entends bien ce que tu dis, mais pour moi, dans cette situation, cela ne me convient pas. Ce n'est pas mon attente. (Ce n'est pas non plus dans notre contrat).

Pour l'aidant, ceci consiste à construire la relation en acceptant la personne toute entière, mais en refusant de répondre aux différents contenus de la demande. Un des enjeux de la démarche d'aide consistera à séparer la demande de la personne, à différencier les actes, les comportements avec l'acceptation de la personne elle-même :

« Je t'accepte toi, mais je n'accepte pas nécessairement ce que tu fais »

L'aidé peut entendre cette réponse, s'il se sent pleinement reconnu et accepté, car sa vraie demande est :

---

1. Cela peut paraître brutal d'énoncer ainsi un mécanisme aussi évident même s'il est voilé et masqué par l'énorme souffrance de celui qui paraît le subir avec le plus d'injustice, le plus de violence.

« *Accepte que j'ai un désir, accepte moi avec cela comme personne...*»

Par ailleurs, dans une relation d'aide, « entendre » la demande, permettre à l'autre de l'exprimer, de la repérer, de l'articuler dans son histoire est plus important que d'y « répondre » en la satisfaisant, c'est-à-dire parfois en l'annulant (réduction par la satisfaction éphémère) [1].

• Les jeux de victime :

Dans les jeux de victime, l'aidant est ressenti comme trop exigeant et parfois comme persécuteur. L'aidé entre alors en compétition pour faire la « démonstration » qu'il ne peut pas — que ça ne sert à rien.

* jouer à l'imbécile », à celui qui ne sait pas	— « je ne sais rien, c'est trop compliqué pour moi ». « Je ne comprends pas, je n'y vois pas clair... »
* « Revendication, agression indirecte ».	— « J'étais mieux avant ». « Pauvre de moi... Regarde dans quel état je suis à cause de toi... » « Je n'aurais pas dû t'écouter ou commencer avec toi ».
* « L'insensibilité ou la jambe de bois ».	— « Je ne ressens rien, ce n'est pas de ma faute si j'ai une jambe de bois... c'est tout insensible. Je ne ressens rien ». « Je suis comme ça ».
* « Les plaintes ». (Plaintes sur le contenu, sur la forme, sur les personnes)	— « Rien ne change, je ne fais aucun progrès, cette formation ne m'aide pas ». « Ce n'est pas ce qui me convient ». Ça ne m'apporte rien ».

Il y a moins de risque à se plaindre qu'à faire des demandes positives (risque de rejet possible, de refus, de frustrations actives).

* « Demande d'autoritarisme, de cadrage, de limites ».	Aidé : « Engueule-moi, sinon je n'arrive pas à avancer tout seul ». « Dis moi ce qu'il faut que je fasse, tu ne me conseilles jamais ». « Nous sommes pareils ».
* « L'amalgame ou le « tout ou rien ».	Aidé : « Alors, il ne me reste plus qu'à tout abandonner ». « De toute façon, je ne m'en sortirai pas ».

---

1. Ce sera, à notre avis, une des erreurs les plus fréquentes dans les relations « amicales » et celles plus professionnalisées du travail social, que de penser résoudre les « problèmes relationnels » par le faire, par l'activisme, pour tenter de combler, de colmater les failles.

> J'attends en vain que mon mari entende la demande
> que je ne lui fais jamais... Ce qui fait que nous som-
> mes un couple de sourd-muet.

• Les jeux de persécution

L'Aidé en persécutant l'aidant, tente de l'emporter sur lui, il veut sortir gagnant de l'affrontement en luttant contre les affirmations de l'aidant, contre les effets, le temps passé. Il va parfois tenter de faire la preuve de l'incompétence de l'aidant.

Il peut aussi renvoyer sans cesse l'aidant à son rôle, à sa fonction, à l'institution sur un mode négatif :

« De toutes façons, tu es piégé par ton rôle ».

« Tu ne peux faire autrement si tu travailles là-dedans ».

« Tu es aussi coincé que moi ».

Tout se passe comme si l'Aidé disait à l'aidant :

« Ce coup-ci pauvre type, je t'ai eu, je t'ai bien eu, je t'ai prouvé enfin que tout cela ne sert à rien ».

Si l'aidant entretient le jeu :

«Mais si... mais si... j'en suis sûr, cela ira mieux, c'était pas mal, vous verrez la prochaine fois ».

Alors l'Aidé : « Comment pouvez-vous le savoir à l'avance ?... et il pense : « Tac... tac... je l'ai bien eu cette fois-ci ».

En effet l'aidant sera coincé, il ne peut pas être absolument sûr de ce qu'il dit concernant le futur.

Cette démarche peut viser soit à augmenter sa propre dévalorisation [1] (pour l'Aidé, « même lui ne peut rien pour moi ! ») ou au contraire tenter de se valoriser par le décalage entre sa non-valeur et la non-valeur attribuée à l'autre.

Les jeux de mise en échec, de persécution ou de négativisme sont parmi les plus fréquents, les plus inventifs.

---

1. Une immense dévalorisation a beaucoup de prix. « Il n'y a personne d'autre pour échouer comme moi ».

• **La passivité**. Se paralyser et paralyser l'autre.

L'Aidé ne fait rien, ne produit rien, reste silencieux, dit
ne pas pouvoir faire, attend que l'aidant fasse quelque chose
à sa place. Il peut ainsi « capter » la présence de l'autre,
« l'immobiliser » lui aussi.

Il s'agit de ne pas toucher à la carte du monde qu'il s'est
faite très tôt dans l'enfance, de confirmer l'immuabilité des
« scénarios » cent fois racontés silencieusement dans sa tête
et dont le déroulement est « prévu », « arrangé », « orches-
tré » à l'avance. « Ça ne peut pas se passer autrement ».

L'hyperactivisme, l'agitation peuvent être signes de passivité, « on remue du vent », on déplace le désordre. Les tics
ont pour but d'évacuer la tension. Cela peut se traduire
aussi par un conformisme sans faille — il dit « oui à tout »
— qui ne se traduit jamais dans les faits ou dans une
action.

La violence, apparemment mouvement actif, peut être
une décharge passive d'émotions bloquées.

Il y a aussi ceux qui privilègient le discours sur les autres
plutôt que le travail sur soi. Celui-là nous parlera sans arrêt
de l'autre, de ce qu'il a fait, de ce qu'il a dit, de ce qu'il
pense ou a pensé. Il peut vivre ainsi par délégation, par
personne interposée. Nous voyons ainsi parfois des espèces
de zombies vivant l'essentiel de leur vie ou de leur survie à
travers les faits, les gestes et les pensées d'un autre. Se rendant, de cette façon, inaccessible à toute approche directe et
sensible d'eux-mêmes. Parfois cela peut se traduire par un
refus de la réalité intérieure. Nous avons tendance à dire :
« C'est impossible » à la place de : « j'ai mal... ou j'ai
peur, je n'ose pas ».
La non-approche de ses sentiments réels, le refus de
reconnaître ses besoins, la fuite dans les désirs les plus chao-
tiques sont des obstacles majeurs aux ressources infinies.

• **Les doubles messages qui développent
une double contrainte**

Parmi tous les messages émis (ceux du langage, du corps,

des émotions), l'Aidé va faire des « choix » implicites.

« Il me dit ça... mais il pense que... »

« J'ai bien vu que ça lui déplaisait, ce que j'ai dit ».

L'Aidé va jouer le même jeu auquel il se sentait contraint comme enfant face au désir contraignant et paradoxal de ses parents :

« Sois spontané... ! » L'ordre supprime la spontanéité et met l'enfant dans une situation paralysante ou de refus...

Il va se sentir « coincé » en anticipant sur les « attentes » de l'autre, par tout un système de censure, d'interdits. Il va lui-même envoyer ou s'envoyer des doubles messages :

« Je vous dirais bien cela mais vous n'allez pas me croire ».

« Je n'a pas osé vous en parler, je sentais que vous ne seriez pas d'accord ».

« Je vous aime bien vous savez, vous me faites penser à mon père » (qu'il dit détester trois minutes avant).

> Celui qui écoute et répond ne répond pas à ce que dit l'autre il répond... à ce qu'il a entendu.

b) *Quelques jeux et pièges du côté de l'aidant*

* Les jeux du sauveteur : par une promesse de changement, d'amélioration.

— « Moi je peux t'aider, tu verras c'est possible « Je suis là, tu peux compter sur moi ».

* Les jeux du persécuteur « bienveillant ». Dévalorisation par la prise en compte des insuffisances.

— « Ah, ah ! tu vois, je te l'avais bien dit, j'avais raison... » « Si tu m'avais écouté », ou encore en ne mettant en évidence que « ce qui ne va pas ».

* Etre — non-OK —

— Ne pas être en accord avec ses sentiments en croyant être plus efficace si on les nie ou les cache.

> Il est inutile de donner des conseils.
> L'ignorant ne les suivra pas.
> Le sage n'en a pas besoin.
> Ne prenez pas cela pour un conseil.

* comprendre trop vite :

— Si l'aidant comprend trop vite, il risque de soulever des résistances — l'aidé a besoin de comprendre avec ses moyens à lui, il ne veut pas être « dépossédé » de son problème —.

On trouve cette dynamique dans les relations parents-enfants. Par exemple devant un petit garçon en colère parce que sa sœur lui a pris un jouet, la mère va essayer d'arranger, elle comprend la situation... mais le petit garçon, lui, a besoin de vivre sa colère.

L'aidant peut ressentir sa peur, la repérer sans pour autant la partager avec l'aidé (choix relationnel).

Ce sera la peur non reconnue de l'aidant qui induira la paralysie, l'inhibition, voire le désarroi chez l'autre.

« Si je ne suis pas OK, l'autre ne peut l'être ». Tout le monde « joue » et se mystifie.

L'aidant peut « casser » les jeux de l'aidé en offrant une autre alternative que les choix répétitifs ou compulsifs de l'aidé. Mais il prend continuellement des risques... en déjouant les pièges de celui qu'il aide. Celui de manipuler, d'induire au delà de la forme, les contenus.

Il n'y a pas d'aide valable sans engagement de l'aidant à rendre l'autre plus autonome, c'est-à-dire moins dépendant de lui [1]. Il n'y a pas de réussite dans l'aide (et dans toute formation) sans que l'aidant (ou le formateur) ait plaisir à travailler avec l'aidé (le formé). L'aidant **travaille surtout avec la « part » (cette partie de chaque être en mouvement vers plus de possibles) de l'aidé qui veut changer et non nécessairement sur le « problème » qui lui est présenté ou offert.**

Pour ne pas tomber dans les pièges de l'aidé, l'aidant doit être lui-même cohérent dans ses choix et ses options. Il est constamment mis à contribution au niveau de sa propre cohérence : il doit être au clair sur ses choix existentiels et professionnels.

En donnant à l'aidé la possibilité d'enrichir sa carte du monde, d'ouvrir des portes, de sortir des cercles où il

---

1. Un des critères de ma réussite... c'est ma décroissante utilité.

tourne en rond, d'achever des « séquences », de compléter des situations et des formes (Gestalt), il donne un mouvement, un dynamisme nouveau à un être dont l'évolution ne restera pas liée à la sienne [1].

En tentant de lui faire découvrir :

« Tu peux ne pas subir la situation, tu peux la choisir entre plusieurs alternatives, entre plusieurs pièges ou leurres, entre plusieurs ressources (même insuffisantes) ».

C'est proposer de sortir de l'immobilisme et de l'attentisme.

Nous pensons que la loi des quatre **P.**   **Permissivité**
                                                       Puissance
                                                       Protection
                                                       Permanence

peut constituer un repère intéressant pour toute relation d'aide.

Permissivité :

En favorisant une meilleure acceptation de ses ressources : ce qu'il est, ce qu'il a. En développant l'empathie, le « laisser être ». En osant être actif dans son pouvoir de confirmation. Confirmer l'autre dans une approche positive et signifiante de sa vie.

La permissivité peut se traduire aussi par des attitudes d'invitation, de sollicitation et de stimulation. Mais aussi par des attitudes de refus, en refusant de se laisser arrêter ou entraîner par les « difficultés exprimées par le demandeur ».

Celui-ci dira :
* « J'ai des difficultés à parler de cela »
A quoi il est possible de répondre :
— « Oui c'est aussi possible d'en parler avec difficulté ».
* « Je ne sais pas si je saurai lui dire ça ».
« Oui, et si vous saviez, que lui diriez-vous ? »
* « Je ne me rappelle plus à quel âge c'est arrivé ».
— « Oui, et si vous vous en rappeliez, ce serait à quel âge ? »

---

1. Nous sommes des courbes plus ou moins accentuées dont la rencontre est toujours « éphémère » car nos trajectoires sont toujours différentes.

Beaucoup de personnes s'expriment par une dénégation, une négativation de leurs ressources. Il n'est pas toujours souhaitable de les laisser sur un sentiment d'impuissance.

* « Je n'ai aucune idée sur la façon de commencer ».
— « Oui, si tu avais cette idée comment ferais-tu ? »

Et il n'est pas rare d'entendre la personne ainsi sollicitée s'exprimer avec facilité, sortir de son refus, ou encore retrouver « la mémoire de l'oubli », celle justement qui est porteuse de sens.

Parfois cela peut être ressenti comme une manipulation (rarement par l'intéressé d'ailleurs). Il s'agit plus précisé-
ment d'une contre-manipulation. Nous ne sommes pas obli-
gés d'entretenir le système relationnel dans lequel se piège quelqu'un. En ne se laissant pas soi-même décourager par les obstacles avancés, on aide l'autre à s'aider.

Puissance :

Intervention ferme et présente au service de l'aidé. Bali-
ser nos propres ressources, nos limites, nos contraintes, les alternatives possibles. Mobilisation dynamique de ses ressources à lui.

« Je peux puiser dans mes propres énergies et les mettre au service de l'autre jusqu'à ce qu'il se prenne en charge tout seul ».

C'est dans ce domaine que nous mettons la créativité. Faire surgir l'imprévisible, s'étonner de l'incroyable et croire surtout aux hasards des clins d'œil de la vie et aux improvisations de notre intuition.

Protection :

Celui qui est aidé a besoin de sécurité, de confiance, de chaleur pour pouvoir se laisser aller, abandonner ses défenses et accepter de découvrir ses ressources (se faire con-
fiance, s'aimer). Ce sera tout simplement une qualité de l'amour — c'est ce que nous appelons la tendresse —

Permanence :

Nous devons assurer à l'aidé, une continuité dans

l'accompagnement — continuité dans le temps, continuité dans la disponibilité — En balisant chaque rencontre, en introduisant des repères qui délimitent et son territoire et le nôtre.

La permanence de l'aide se traduira aussi par une capacité à « absorber » les aléas de la relation (phase de rejet, d'opposition ou d'agression de la part de l'aidé)... et aussi les aléas de notre position relationnelle en clarifiant le contre-transfert.

Ce sera également être le garant du processus relationnel en devenant provisoirement le « contenant » de l'angoisse de l'autre.

Nos déceptions sont des germes, bien sûr, mais il n'est pas nécessaire de les arroser sans arrêt de nos pleurs et de nos regrets. Nous pouvons cultiver aussi nos rires et nos regards et engranger la tendresse des possibles.

VIII. LA « FENÊTRE JOHARI »

Une représentation du degré de lucidité dans les relations interpersonnelles

Comme le mille-pattes insouciant, beaucoup de personnes se débrouillent très bien dans leur travail avec les autres sans jamais se demander quel pied avancer. Mais quand les difficultés surgissent, quand les méthodes habituelles sont inefficaces, quand nous désirons apprendre davantage, il n'y a pas d'autre choix que d'examiner notre propre comportement par rapport aux autres. Ce qui — entre autres — complique la tâche est la difficulté de trouver la façon appropriée de réfléchir à ces problèmes, surtout pour ceux qui n'ont pas de formation poussée dans les relations humaines.

Quand INGHAM et LUFT [1] ont présenté pour la première fois la « fenêtre JOHARI », qui illustre les relations interpersonnelles selon leur degré de lucidité, il furent surpris de constater que beaucoup de non-professionnels aussi bien que d'universitaires utilisaient et s'inspiraient de ce schéma. Il semble se prêter, en tant que dispositif heuristique, à une meilleure compréhension des relations humaines. Il est facile de se représenter visuellement les quatre quadrants qui composent la fenêtre Johari.

---

1. Voir LUFT, Introduction à la dynamique de groupe, Editions Privat.

	Connu de l'individu	Inconnu de l'individu
Connu de l'autre	I Aire d'activité libre	II Aire aveugle
Inconnu de l'autre	III Aire évitée ou secrète	IV Aire d'activité inconnue

LA FENÊTRE JOHARI

Quadrant I. — **L'aire d'activité libre** s'applique aux comportements et aux motivations qui sont connus de soi-même comme des autres. C'est ce qui à un moment donné d'une relation circule ouvertement entre deux êtres.

Quadrant II. — **L'aire aveugle** où les autres peuvent voir en nous des choses que nous ignorons nous-mêmes.

Il y a des aspects de moi sur lesquels je ne suis pas lucide et qui sont perçus par autrui.

Quadrant III. — **L'aire évitée ou secrète** représente ce que nous savons mais ne révélons pas aux autres (par exemple : un dessein secret ou des sujets à l'égard desquels nous sommes particulièrement sensibles).

C'est l'aire de notre jardin secret.

C'est aussi le territoire personnel que je ne souhaite pas partager à un moment donné de la relation.

Quadrant IV. — **L'aire d'activité inconnue.** Ni l'individu lui-même, ni les autres ne sont conscients de certains comportements ou motivations. Pourtant nous pouvons supposer leur existence car dans certaines circonstances certains d'entre eux viennent à la surface (symptômes, actes manqués, rêves, somatisation...).

Dans une relation nouvellement constituée, le **quadrant I** est très petit, il y a très peu d'interaction libre et spontanée. A mesure que la relation se développe et devient plus confiante (ce qui veut dire moins défensive), le quadrant I s'agrandit proportionellement, ce qui veut habituellement dire que nous sommes plus libres d'être nous-mêmes et de percevoir les autres tels qu'ils sont véritablement. Le **quadrant III** se rétrécit à mesure que le quadrant I s'étend. Nous trouvons moins nécessaire de cacher ou de nier ce que nous savons ou ressentons.

Dans une atmosphère de confiance réciproque croissante, il y a moins besoin de cacher des pensées ou sentiments pertinents.

Le **quadrant II** met plus longtemps à se réduire car il y a d'ordinaire de « bonnes » raisons, d'ordre psychologique, à notre refus de voir ce que nous sentons ou faisons.

La fenêtre Johari peut être appliquée aux relations « inter-groupes » [1].

Le quadrant I désigne les comportements et les motivations connus du groupe et aussi d'autres groupes.

Le quadrant II représente une aire de comportements auxquels le groupe est aveugle, mais dont d'autres groupes sont conscients, par exemple l'esprit de « chapelle » (occultisme) ou le préjugé.

Le quadrant III, l'aire secrète, a trait à ce que le groupe sait de lui-même mais ne dévoile pas aux autres groupes.

Le quadrant IV, l'aire inconnue, indique qu'un groupe ignore certains aspects de son propre comportement, que les autres groupes ignorent aussi. Ultérieurement, quand le groupe acquiert de nouvelles connaissances sur lui-même, il y a réduction du quadrant IV au profit de l'un des autres quadrants.

Dans les relations privées ou professionnelles voici quelques principes sur les changements que subit la fenêtre toute entière :

• Un changement dans n'importe quel quadrant affectera tous les autres.

• Le fait de cacher, de nier ou de ne pas voir le comportement qui se manifeste au cours de l'interaction demande une dépense d'énergie.

---

1. Ceci est important en institutions, dans les relations inter-services, inter-groupes professionnels...

• L'insécurité tend à diminuer la lucidité, la confiance réciproque à l'augmenter.

• La prise de conscience forcée (le dévoilement) n'est pas à rechercher et se révèle habituellement inefficace. Il y a un temps de maturation et de « mise à jour » nécessaire et variable pour chacun.

• L'apprentissage de la relation interpersonnelle entraîne un changement qui a comme conséquence l'extension du quadrant I et la diminution d'un ou plusieurs des autres quadrants.

• La mise en commun et la « productivité » sont facilitées par une aire suffisamment étendue d'activité libre. Cela veut dire que les ressources et les compétences des membres peuvent se consacrer plus pleinement au travail en cours (au lieu d'être mobilisées à contrôler les autres quadrants).

• Plus le premier quadrant est petit, plus la communication est limitée ou chargée de malentendus et de distorsions.

• Il existe une curiosité universellement répandue au sujet de l'aire inconnue, mais cette curiosité est tenue en échec par les coutumes, par l'apprentissage social, par des craintes variées et aussi par le pseudo-respect qui nous fait nous replier sur les aires connues.

• La sensibilité signifie la prise en considération des aspects voilés du comportement, dans les quadrants II, III et IV et le respect du désir d'autrui de les maintenir ainsi à certains moments de la relation.

• L'apprentissage de l'ouverture du quadrant I contribue à l'accroissement de la lucidité (reconnaissance de soi) dans sa totalité aussi bien que celle de l'autre.

• L'échelle des valeurs d'un individu et le sentiment d'affirmation peuvent être estimés d'après la façon dont s'affrontent les inconnues dans la relation (accepter de ne pas garder le contrôle de la relation, reconnaissance des différences, bonne distance...).

• Un mille-pattes est peut-être parfaitement heureux sans être conscient de ce qu'il fait, mais, après tout, il se limite à ramper sous des pierres.

S'étant familiarisé avec ce schéma, chaque personne peut

apprendre à l'utiliser pour parvenir à une compréhension plus claire des événements significatifs qui se produisent dans une relation.

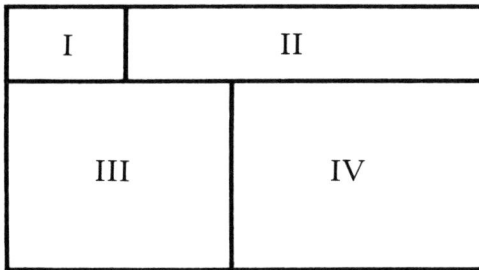

```
┌─────┬──────────────┐
│  I  │      II      │
├─────┴───┬──────────┤
│         │          │
│   III   │    IV    │
│         │          │
└─────────┴──────────┘
```

— Le commencement de l'interaction dans une relation nouvellement formée.

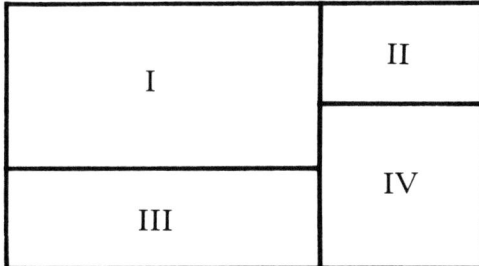

```
┌──────────────┬──────┐
│              │  II  │
│      I       ├──────┤
├──────────────┤      │
│              │  IV  │
│     III      │      │
└──────────────┴──────┘
```

— Aboutissement possible d'une relation inter-personnelle ouverte.

Apprendre à dire ce que l'on ressent permet de changer de position.
« Je cesse d'être « victime ».

IX. — APPRENDRE À DIRE ET À SE DIRE

1. *Apprendre à dire*

Beaucoup d'entre nous avons du mal à identifier ce que nous ressentons dans l'ici et maintenant d'une situation. La plupart du temps, en effet, nous déguisons nos sentiments face à autrui, et nous apprenons plutôt à les réprimer qu'à les exprimer. C'est si vrai qu'il n'y a pas si longtemps encore, le fait de « taire ses sentiments » ou de contrôler ses émotions était le signe d'une éducation réussie. Ainsi devenait-on un « adulte », c'est-à-dire un être tristement fermé aux autres... et à lui-même.

Or, la démarche proposée en entretien nous fait découvrir clairement les vertus de la parole exprimée, de la chose « dite », de la parole reçue.

Mais comment passer à l'acte ?

La technique du « message JE », préconisée par Thomas GORDON [1], psychologue américain, semble sur ce plan, offrir un mode de communication tout à fait efficient. Utilisée par lui, avec les enfants, cette technique paraît pouvoir s'étendre aux autres formes d'échanges avec autrui, aussi bien dans le cadre de la vie intime, que dans la vie professionnelle ou sociale.

Délivrer un « message JE », c'est retrouver le contact avec nos propres sentiments pour pouvoir verbaliser clairement nos demandes affectives.

---

1. *La méthode GORDON, expérimentée et vécue,* Dr Thomas GORDON, Ed. Belfond, 352 p.

Un bon « message JE », n'a pas besoin de recourir à des formules compliquées.

Par exemple, si vous trouvez, un soir de particulière lassitude, que tout le monde, dans votre chère petite famille, profite abusivement de votre incommensurable amour, ne dites pas :

« Décidément, je suis la reine des poires, ça suffit comme ça ».

Ces propos ne reflètent nullement vos sentiments. Ils ne touchent donc pas les autres et ne les dérangent guère dans leur comportement.

Voici, pour exemple, comment s'articule le type de phrases « message JE » dont nous parle le Dr GORDON :

« Quand vous me laissez tout faire sans prendre votre part de travail, je me sens complètement découragée et le résultat c'est que je n'ai plus le cœur à rien ».

Ici, le « message JE » est efficace, parce que complet et qu'il comporte trois temps, ainsi que le recommande l'auteur :

1. **Description du comportement inacceptable des autres.**
   (Quand vous me laissez tout faire... »)

2. **Le sentiment vécu par vous.**
   (« je me sens complètement découragée... »)

3. **La conséquence sur votre affectivité, c'est-à-dire l'effet tangible et vécu par vous.**
   (« le résultat, c'est que je n'ai plus le cœur à rien... »).

Quand ce père interdit à son garçon de toucher à ses outils en disant : « laisse cela tranquille, tu vas te faire mal », il ne sait pas qu'il disqualifie l'enfant (il l'accuse de maladresse). Il pourrait tout autant affirmer : « Je ne souhaite pas que tu joues avec cet outil là, par contre je peux te prêter celui-ci ». Non seulement il se définit devant l'enfant, mais le confirme aussi dans ses possibilités.

Ainsi, nous pouvons apprendre à éviter de parler sur l'autre pour parler de nous-mêmes.

Apprendre notre propre parole pour permettre à celle de l'autre d'exister aussi à côté.

> C'est en osant dire NON que j'ai appris à dire OUI.

> Une critique peut être positive même si elle nous paraît injuste ou inappropriée.

2. *Apprendre à se dire*

Pour pouvoir être un partenaire à part entière, pour permettre à l'autre de l'être aussi, je dois pouvoir exercer ces quatre moyens de communication.

— Différenciation et affirmation

« J'ai entendu ton point de vue, voici le mien ».
« Je ne me reconnais pas dans ce que tu me renvoies, mon vécu est plutôt... »

— Amplification

Reformulation sur le vécu perçu.
« J'ai senti combien, c'était important pour toi de prendre cette décision même si elle n'est pas facile à vivre ».

— Confirmation

« Oui, tu détestes ce collègue, tu souhaiterais qu'il change de service ».

« J'ai éprouvé quelque chose de semblable, je me reconnais dans cette démarche ».

— Communication avec soi-même

L'amélioration de la communication avec autrui passe par une amélioration de la communication avec soi-même. Ceci passera en particulier par une reconnaissance, la plus immédiate possible, des sentiments éprouvés au cours d'une interaction (ou après).

La négation, le refus ou l'occultation de l'un ou de l'autre de ces sentiments déséquilibre la relation à l'égard de soi-même et par là même nous ampute et nous handicape face à l'autre.

Nous reconnaissons habituellement comme fondamentaux cinq sentiments :

* Tristesse
* Colère
* Peur
* Joie, plaisir, bonheur (acceptation d'être heureux)
* Amour (dans le donner et le recevoir).

Chacun de ces sentiments pouvant se vivre sur deux registres émotionnels :

Plaisir ou déplaisir.

Si j'ai du mal à reconnaître ces sentiments, je serai amené à développer des comportements complémentaires liés à la frustration, au ressentiment comme l'agression, la fuite, l'auto-punition, la culpabilisation, le chantage...

J'ai renoncé à croire
qu'il existe un lieu de certitude
que ce soit l'expérience
ou la théorie,
d'où l'on puisse parler en sécurité.

Max Pagès.

Nous avons tous des langages codés
et nos codes restent très personnalisés.

> **La qualité d'une communication est plus dans la qualité d'un regard, d'une écoute, que dans celle des mots.**

X. — CONCLUSION

Améliorer la communication à soi-même

Il serait vain de tenter de mieux comprendre et d'améliorer nos relations à autrui si nous envisagions pas de clarifier la relation à nous-mêmes. Cela suppose d'accepter d'écouter son histoire (passé) et d'être à l'écoute de son présent (vécu actuel). Beaucoup de signes se manifestent à nous et tentent de nous alerter, de nous ouvrir, de provoquer un changement.

Beaucoup de malentendus sont issus d'une relation à soi difficile ou souffrante.

— **Communiquer**, c'est parfois permettre à celui qui parle d'entendre ce qu'il dit et donc d'entendre aussi ce que nous disons avec notre corps, nos répétitions, nos productions...

— **Les répétitions**, ce sera parfois l'entraînement à poursuivre des scénarios — se comporter comme — « malgré nous » dans une situation donnée.

— **Les images de soi**. Je communique avec l'image que j'ai de moi — dévalorisée — survalorisée — en décalage avec mes sentiments réels. Je tente aussi de communiquer avec l'image que j'imagine que l'autre a de moi.

— **Relation à mes désirs et à mes peurs**. Ce que je partage souvent c'est ma propre interrogation :

Sur des désirs. Exemple : J'ai le désir d'aller vivre dans le midi... l'autre va-t-il m'inviter à m'écouter, à m'entendre mieux — ou va-t-il s'en emparer pour le discuter, se l'approprier ou le combattre.

Sur des peurs, des interdits. « Je suis habité par des peurs et elles conditionnent beaucoup de mes comportements. L'autre va-t-il tenter de me rassurer ? de me « déposséder » de mes peurs ? Les remplacer par les siennes ? ou me proposer en échange ses propres ressources ?...

Entrer en relation avec soi-même

C'est pouvoir écouter non seulement son passé (histoire), c'est aussi écouter son corps — être attentif à ce qu'il dit — la façon dont il parle.

La mémoire de notre corps est infinie — vivante — sans cesse réactualisée. Elle est productrice de langages (que nous travaillons dans le cycle de formation en Entretien III).

A l'écoute de ces autres langages — regards, respiration, énergie, toucher, émotions — nous agrandissons nos potentialités et ouvrons la relation à plus de possibles.

Ainsi nous pourrons accepter d'être un bon compagnon pour soi-même.

Une belle légende hassidique rapporte que, dans le ventre de sa mère, l'enfant a eu le temps de prendre connaissance de tout le secret du monde et que le jour où il vient à pousser son premier cri, l'Ange de la vie se penche sur lui et lui pose délicatement le doigt sur les lèvres pour lui interdire de révéler le secret qu'il détient, lui conseillant de le garder tout au fond de lui. Preuve de cet acte : la petite fossette verticale entre le nez et la lèvre que nous portons tous.

Le secret, il est vrai, hante notre imaginaire. Entre parole et silence, il hésite, il se masque, se révèle par bribes, il est partout et nulle part à la fois, entre la clarté et l'authenticité de la nuit. La communication permet à la fois l'existence et le dépassement du secret sans jamais le révéler tout à fait.

Il y a toujours une part de mystère irréductible dans toute communication. Nous pouvons apprendre à le diminuer, à améliorer son exploration, nous pouvons éviter un certain nombre de pièges, de malentendus ou d'incompréhensions, mais il restera toujours cette frange infinie ou infime qui fait que, dans son existence, l'Homme est toujours seul et que pour vivre il a besoin, quand même, de l'autre. La communication sera une façon de franchir cet espace entre deux êtres, espace chargé de secrets et de mystères et aussi une façon de les maintenir séparés aussi proches soient-ils.

> « Moi j'apprivoise la tendresse
> Du bout des mots infiniment
>
> Avec un cri au bord du cœur
> Je suis le pire et le meilleur
>
> Lorsque ta porte s'ouvre un peu
> A te parler je deviens deux ».
>
> Arlette Denis, chanteuse

BIBLIOGRAPHIE

BIBLIOGRAPHIE SUR L'ENTRETIEN ET LA RELATION

A. — L'entretien en général et l'entretien d'enquête

a) *Ouvrages d'introduction mettant l'accent sur ce qui se passe dans un entretien*

L'ouvrage de grande diffusion concret et pratique pour une première approche de l'ensemble des variables de l'entretien est :

1. R. MUCCHIELLI (sous la direction de), *L'entretien de face à face dans la relation d'aide*, Librairies techniques et Entreprise moderne d'édition et Editions Sociales Françaises, 72 + 52 p., 1ʳᵉ édit. 1966.

   L'ouvrage comporte une partie expositive (variables qui interviennent dans l'entretien, techniques d'entretien, 72 p.) et des applications pratiques (c'est-à-dire des exercices, 52 p.).

2. Louis SCHORDERET, *La technique de l'Entretien*, Edit. Chotard, 190 p. 1971.

   C'est dans cet ouvrage que l'on retrouvera au plus près, le mode d'approche qui est le nôtre. Faussement intitulé la « Technique » de l'entretien, il s'agit surtout d'un ouvrage d'interrogations et de stimulations qui ouvre des perspectives de recherche bien au delà de la situation d'entretien.

   L. Schorderet anime également des sessions de formation à l'entretien dans le cadre du F.O.R.E.P. à Dijon.

   L'approche la plus brève possible de l'entretien, tel que les psychologues le voient, consiste à lire le chapitre « L'Entretien » (environ 10 p.) dans :

3. J. MAISONNEUVE, *Cours de psychanalyse sociale*, publié par l'Association des Anciens élèves de l'Institut d'Administration des Entreprises, 12, place du Panthéon, Paris 5ᵉ.

   L'achat en librairie de cet ouvrage étant difficile, on peut aussi lire le cours de MAISONNEUVE dans le « Bulletin de Psychologie » édité par le groupe des Etudiants de Psychologie de la Sorbonne et disponible dans les grandes bibliothèques.

4. « Numéro spécial sur l'entretien », Information psychologique, Edit. Privat, n° 41, 1971.

Autre ouvrage d'introduction clair et structuré

5. NAHOUM, *L'entretien psychologique*, P.U.F., 1958, Coll. « Sup. Pré Psychologique », n° 3, 179 p.

b) *Ouvrages qui situent l'entretien dans différents contextes sociaux, en privilégiant l'aspect d'enquête.*

6. DAVAL (et autres), *Traité de Psychologie Sociale*, Tome I, P.U.F., 1ʳᵉ édit. 1963.

   Au début du chapitre II « L'interview » on trouve p. 121 à 150 un exposé sur les différentes formes d'interview. La suite du chapitre p. 150 à 190 est par contre consacrée à la construction des questionnaires.

7. Maurice DUVERGER, *Méthodes des Sciences Sociales*, P.U.F., Coll. Thémis, 3ᵉ édit., 1963, 502 p.

   Au début du chapitre III « L'observation directe intensive », on trouve p. 251 à 266 une description de différentes formes d'interviews ayant été utilisées dans différents types d'enquêtes.

   A noter que tout l'ouvrage est relatif aux méthodes d'observation, d'enquête et d'analyse des données, sous une forme descriptive et technique peu accessible au lecteur non averti.

8. M. GRAWITZ, *Méthode des Sciences Sociales*, Dalloz, 2ᵉ édit., 1974.

   Cet ouvrage est de même inscription que le précédent dans une collection s'adressant au même public (Etudiants en Sciences Economiques et Politiques).

   Le chapitre « L'interview ou entretien » p. 671 à 764 est développé de manière substantielle et suivi d'une bibliographie.

9. FESTINGER & KATZ, *Les méthodes de recherche dans les Sciences Sociales*, P.U.F., 1959, 2 vols.

   Le tome II comporte un chapitre sur l'entretien comme méthode de collecte avec un exemple d'entretien d'entreprise enregistré et commenté.

10. Revue *Sondages*, 1961, n° 2 publié par l'Institut Français d'Opinion Publique, 20, rue d'Aumale, Paris 9ᵉ.

    Bibliographie commentée sur les problèmes méthodologiques de l'entretien, 48 p.

B. — L'entretien de compréhension et l'entretien d'aide

a) *L'entretien non-directif d'aide psychologique*

Rappelons d'abord l'ouvrage d'introduction de MUCCHIELLI figurant ci-dessus en 1.

Un ouvrage plus développé et spécialisé est :

11. Ch. CURRAN, *L'entretien non-directif*, Edit. Universitaires, 1967, 324 p., traduction de « Couseling in Catholic Life Education », 1952.

Mais l'ouvrage fondamental est à notre avis celui de Carl ROGERS.

12. CARL ROGERS, *La relation d'aide et la psychothérapie*, Edit. Sciences Sociales Françaises. Tome I, *La théorie*, 235 p., 1re édit. 1971, 3e édit. 1974. Tome II, *Un exemple pratique de thérapie par entretiens non directifs* (le cas Herbert Bryan p. 236 à 459).

Un ouvrage paru antérieurement chez un éditeur moins connu a un contenu voisin du précédent :

13. ROGERS & KINGET, *Psychothérapie et Relations Humaines*, Tome I et II, Edit. Nauwelaerts, 1re édit. 1962, 2e édit. 1965. Tome I, *La théorie*, 333 p. Tome II, *La pratique*, notamment transcription des entretiens non-directifs d'une thérapie rogérienne, 260 p.

b) *L'entretien en travail social et l'entretien psycho-pédagogique*

14. Annette GARRETT, *L'entretien, principes et méthodes*, Association Suisse des Assistants Sociaux. Case postale 26. 3007 Berne 23, 5e édit. 1972. Traduction de « Interviewing its principles and methods », New-York, 1942. Semble avoir paru également chez « Entreprise Moderne d'Edition », Paris, 1959.

15. Jacques SALOMÉ, *Supervision et Formation de l'Educateur Spécialisé*, édit. Privat, 278 p., 2e partie p. 79 à 278, 1972.
Concerne plus spécialement la relation d'aide psycho-pédagogique.

16. Félix BIESTEK, *Pour une assistance sociale individualisée, la relation de case-work*, 160 p. (format poche), Seuil, 1962, édition américaine 1957 « The case-work relationship.
Un digest, mais peut-on parler de la relation de case-work sous forme de digest ?...
Comporte une bibliographie (articles de revue) de langue française, 10 p.

17. Gordon HAMILTON, *Théorie et pratique de Case-work*, Comité Français de Service Social, 5, rue Las Cases, Paris 7e.

Bien que le sujet de l'ouvrage dépasse le cadre strict de l'entretien, de nombreux passages traitent de l'entretien ou de la relation entre travailleur social et « client ».

17 bis. A. GUGGENBÜHL-CRAIG, *Pouvoir et relation d'aide*, Edit. P. Mardaga.

c) *L'entretien et la relation médecin-malade*

18. BALINT, *Techniques psychothérapeutiques en médecine*, Petite Bibliothèque Payot, n° 162, traduit de l'anglais.

19. Michaël BALINT, *Le médecin, son malade et la maladie*, Petite Bibliothèque Payot, n° 86, 422 p., 1re édit. anglaise 1957.

     A partir de cas étudiés au cours des « groupes Balint » de médecins, animés par l'auteur, une abondante moisson d'exemples de ce qui peut se passer dans la relation médecin-malade. Style descriptif, de lecture facile.

20. VALABREGA, *La relation thérapeutique, malade-médecin*, Flammarion, 1963.

21. Ginette RAIMBAULT, *Médecins d'enfants*, Seuil, 1973.

     Onze médecins d'enfants français relatant les cas de relations qu'ils ont étudiés au cours d'un « groupe Balint ».

22. Maud MANNONI, *L'enfant, sa maladie et les autres*, Petite Bibliothèque Payot, 1re édit. au Seuil.

     Ouvrage fondamental pour la compréhension de ce qui peut se jouer dans la relation parents-enfants, médecins-parents, médecin-enfant, à partir de quelques cas relatés. Très bonne introduction faisant le point sur les psychanalyses d'enfants. Lecture peu facile.

d) *L'entretien avec l'enfant, avec les parents.*

Outre les deux ouvrages précédents (16 et 17), on peut lire, pour une première approche :

23. J.-C. ARFOUILLOUX, *L'entretien avec les enfants*, Privat, 1975, 208 p.

24. M.-D. MATISSON, *L'entretien avec les parents*, Privat, 1975, 180 p.

e) *L'entretien pastoral*

25. A. GODIN, *La relation humaine dans le dialogue pastoral*, 1963.

     Cet ouvrage traite de l'entretien dans un contexte particulier mais présente un intérêt plus général. Godin, par des exercices inspirés de Porter, montre l'influence du style non directif sur le déroulement de l'entretien.

26. R. HOSTIE, *L'entretien pastoral*, Desclée de Brouwer, 1963.

27. SAINT ARNAUD, *La consultation pastorale d'orientation rogérienne*, Desclée de Brouwer, 1969.

28. BEIRNAERT, *La relation pastorale*, Cerf, 1968.

C. — L'entretien dans l'entreprise

Relation avec le personnel

29. Norman MAIER, *L'entretien d'appréciation*, Entreprises Modernes d'Editions, 1968.

30. GOLDMANN, *L'art de vendre*, Delachaux et Niestlé, 1967.

31. LE BLANC, *Psychosociologie de la vente*, P.U.F.

32. R. FISCHER & W. URY, *Comment réussir une négociation*, Le Seuil, 1982.

D. — Ouvrages sur la relation

33. Sylvie GALLAND, Jacques SALOMÉ, *Les mémoires de l'oubli*, Essai sur le développement personnel et le changement à partir d'une interrogation sur l'origine des relations, Le Regard Fertile, 1983.

a)*D'inspiration psychanalytique*

34. Maud MANNONI, *Le premier rendez-vous avec le psychanalyste*, Coll. de poche, Gonthier, 1965.
    Ouvrage de vulgarisation élémentaire.

35. LEVY VALENSI, *Le dialogue psychanalytique*, P.U.F., 1962.

36. LEVY VALENSI, *La communication*, P.U.F. 1969.

37. NACHT, *Présence du Psychanalyste*, P.U.F., 1963.

38. HESNARD, *Psychanalyse du lien interhumain*, P.U.F., 1957.

39. Gérard WACKEMHEIM, *Communication et devenir personnel*, édit. de l'Epi, 1969.

N.-B. *Cette rubrique pourrait être complétée par un grand nombre d'ouvrages psychanalytiques spécialisés.*

b) *D'inspiration rogérienne*

40. Carl ROGERS, *Le développement de la personne*, Dunod, 1967.

41. Max PAGES, *L'orientation non-directive*, Dunod, 1965, 182 p.
    Exposé critique des théories de C. Rogers.

42. André PERRETI, *Liberté et relations humaines ou l'orientation non-directive*, L'Epi, 1966.

43. Victor JACOBSON, *Entretiens et dialogues*, édit. Privat, 105 p.

c) *D'inspiration phénoménologique*

44. BUYTWDIJK, *Phénoménologie de la rencontre*, Desclée de Brouwer, 1952.
45. Martin BUBER, *La vie en dialogue*, Aubier, 1959.

46. MERLEAU PONTY, *Phénoménologie de la perception*, Gallimard, 1975.

47. Alexandre MINKOWSKI, *Le temps vécu*, Delachaux et Niestlé, 1968.

d) *D'inspiration logique et méthodique*

48. Jean-François HELD et Janine MAUCORPS, *Je et les autres*, Payot, 1971, 285 p.
    Essai sur l'empathie quotidienne, à partir d'une enquête.

49. Jacques DURAND-DASSIER, *Structure et psychologie de la relation*, Epi, 1969.
    Un schéma plutôt mécaniciste de la relation.

50. WATZLAWICK, MESWICK, BEAVIN & JACKSON, *Une logique de la communication*, Seuil, 1972.

    Selon une perspective logique, examine notamment les conflits relationnels, comporte une analyse de la scène de ménage de la pièce « Qui a tué Virginia Woolf ? ».

51. WATZLAWICK, WEAKLAND, FISCH, *Changements, Paradoxes et psychothérapies*, 185 p., Le Seuil, 1975.

52. WATZLAWICK, *La réalité de la Réalité*, Le Seuil, 1980.

53. WATZLAWICK, *L'interaction*, Le Seuil, 1981.

53 bis. P. WATZLAWICK, *Faites vous-même votre malheur*, Le Seuil, 1984.

e) *La relation dans le couple*

54. Jean G. LEMAIRE, *Les conflits conjugaux*, Les éditions ESF, 3e édit., 1970, 208 p.

55. BANNISTER, *Problèmes du mariage*, P.U.F., 1959.

56. V. SATIR, *Thérapie du couple et de la famille*, Epi, 1971.

57. MUCCHIELLI, *Psychologie de la vie conjugale*, EST, 1973.

58. M.A. & J. GUILHOT, *L'équilibre du couple, Etude actuelle et prospective,* *ESF, 1970.*

59. *Revue « Dialogue », éditée trimestriellement par l'AFCCC (Association Française des Centres de Consultation Conjugale).*

60. *Jacques* SALOMÉ, *Parle moi... j'ai des choses à te dire,* Essai sur l'in-communication et la communication dans le couple, Edit. de l'Homme, 1982.

61. G. BACH & R. DEUTSCH, *Arrête... tu m'exaspères,* Edit. du Jour 1985.

62. Guglielmo GULOTTA, *Comédies et drames du mariage,* Psycho-guide illustré de la jungle conjugale, Edit. ESF, 1985.

Table des matières

I — Généralités sur la formation à l'entretien................ 13
   1. *Objectifs de la formation*.................................... 13
   2. *Méthodes et procédures*...................................... 22
   3. *Déroulement et évaluation des impacts de formation*.................. 28

II — Communication et relation............................ 35
   1. *Chacun d'entre nous a été obligé d'inventer la communication*........... 38
   2. *Qu'est-ce que communiquer ?*................................. 38
   3. *Qu'est-ce qu'une relation vivante ?*............................ 48

III — Etude de quelques phénomènes relationnels dans l'entretien de face-à-face................................... 55
   1. *Le questionnement d'autrui*.................................. 55
   2. *L'écoute*.. 60
      a) Les difficultés habituelles et les conditions de l'écoute compré-
      hensive d'autrui.. 60
      b) Les différents niveaux d'une écoute possible............... 62
      c) Le contenu latent et le contenu manifeste.................. 66
   3. *Généralisation et personnalisation dans l'entretien*.................. 70
   4. *Fonctions manifestes et fonctions latentes de l'entretien*.............. 79
   5. *Dynamique de l'entretien*................................... 81
      a) Attitudes habituelles ou élémentaires..................... 84
      b) Quelques modèles représentatifs de la dynamique de l'échange
      en entretien... 89
      c) Les conditions de l'entretien............................ 94

IV — Différents types d'entretien........................... 105
   1. *L'entretien d'accueil*....................................... 105
   2. *L'entretien manipulatif*..................................... 106
   3. *Les entretiens d'aide*...................................... 108
      a) Définition et indication de la relation d'aide............... 108
      b) Spécificité de la relation d'aide......................... 108
      c) Entretien non directif ou entretien centré sur l'autre.......... 109
      d) Recherche de cohérence................................ 110
      e) Progression... 111
      f) Indications et contre-indications......................... 113
      g) Savoir écouter - Savoir observer......................... 114
      h) Les obstacles personnels les plus fréquents à l'écoute d'autrui.. 115
      i) Les obstacles à la perception et à l'observation des phénomènes
      relationnels 115

V — Réflexions sur la communication systémique.............. 145
    1. *Concept de boîte noire*...................................... 145
    2. *Définition de soi*... 151
    3. *La communication paradoxale*.............................. 151

VI — Quelques caractéristiques communes aux relations d'aide.. 155
    1. *Comment créer une relation d'aide*......................... 156
    2. *Aspects significatifs de l'empathie*........................ 161
      a) Compréhension empathique.......................... 162
      b) Croyance en l'autre................................. 164
      c) Intérêt et respect sans réserve....................... 165
      d) Acceptation de l'autre.............................. 165
      e) Etre accessible.................................... 167
      f) Etre conséquent ou en état de congruence.............. 167

VII — Autres réflexions sur la communication et l'échange
dans une relation d'aide.................................... 171
    1. *Quelques propositions sur le dialogue*....................... 171
    2. *Quelques pièges dans la relation d'aide ou d'accompagnement*... 173
      a) Jeux et pièges fréquemment observés du côté de l'aidé........ 174
      b) Quelques jeux et pièges du côté de l'aidant................ 178

VIII — La fenêtre Johari................................... 183
    Une représentation du degré de lucidité dans les relations inter-
personnelles... 183

IX — Apprendre à dire et à se dire.......................... 189
    1. *Apprendre à dire*... 189
    2. *Apprendre à se dire*...................................... 191

X — Conclusion.. 195

Bibliographie... 199
    — L'entretien en général et l'entretien d'enquête.............. 199
    — L'entretien de compréhension et l'entretien d'aide.......... 200
    — L'entretien dans l'entreprise............................ 203
    — Ouvrages sur la relation................................ 203

ACHEVÉ D'IMPRIMER AUX PRESSES DE L'UNIVERSITÉ CHARLES-DE-GAULLE / LILLE III

OUVRAGE FAÇONNÉ PAR L'I.C.A. RUE STE MARGUERITE A ARRAS

DÉPOT LÉGAL : 4e TRIMESTRE 1993